JN171933

〈いのち〉を生き切る

則竹秀南

春秋社

〈いのち〉を生き切る

目次

Ⅲ　死について……71

〈いのち〉を生き切る

I

諸行無常ということ

正月の行事の中で

無常とは何かということですが、無常とは、「常ならず」ですから、常に移ろいゆくということですね。これはご存知の通りです。そしてお釈迦さんは、「諸行無常、諸法無我」とこのように説かれたのです。今年の京都の新年三が日は、まことに穏やかな三が日でした。全国的にも穏やかなお正月だったと思います。妙心寺では、例年通りの正月の行事を三日間いたしましたが、いつもなら寒さで震えながら早朝から法要に出ておりましたが、今年は本当に寒いと感じることもなく、お参りができました。

今年は酉年ですからね。どういうことになるのか、何が起こるか分からない、ということを思いながら三が日が終わって、七日の七草粥もおかげさまでよばれて、そして十日には霊雲院の開山さまの一年で最初の御命日のおつとめをして、十二日には妙心寺の開山である無相大師の初めての法要を無事にすまし、その後、十四日から急に寒くなりました。十四日の晩から、京都では雪が降り積もり、十三センチにもなりました。北海道では二メートルと想像もつかないような大雪でしたけれど、京都の十三センチという積雪は多い方で、そういう中で法要をして、お参りをしたわけです。そして今日十六日は、祈祷般若といって、また法要がありました。

これは諸行無常なんですね。明らかに常ならずです。今年に入って十五日間で、法要が四度、五度とある。しょっちゅう変わって常ならずですよ。いつどのように変わっていくか分からないということです。これはまさしく諸行無常、移り行く大自然界といいますか、それにともなって我々人間もまた移り行くわけです。

先日、霊雲院の新年会がありまして、新春のお話をさせてもらいましたが、毎年、干支に因んだお話をしております。今年は酉年ですので、「鶏声十方に通ず《けいせいじっぽう》」という言葉を使ったわけです。鶏声とは鶏の声、それが十方世界に通ずと。これは大変縁起がいいですよね。雄鶏が、毎日一番鳥で「コケコッコー」と鳴くのですよ。あれを聞いて昔の人は、「ああ、雄鶏が鳴いたな」と目を覚ましたわけです。これは一年の計は元旦にありということで、元旦に雄鶏の声を聞いて、酉年が始まります。こんなに縁起のいいことはない。

ところが現代は悲しいかな、妙心寺辺りでは「コケコッコー」は聞けない。十年ぐらい前までは、鶏を飼っている和尚さんがおられました。私もその「コケコッコー」を聞いておりました。その和尚さんも今では飼っておられない。京都市内でも、そうですね。「コケコッコーを聞いたことがある人、手を挙げて」と、このあいだ講演会で聞きましたけど、誰も手を挙げない。都会ではそのようになってしまった。田舎でもそうでしょう、もう私の郷里の村で雄鶏を飼っているところはないです。雌鶏は飼っていますが、卵の生産地では、雌鶏は「ココココ」というだけで、「コケコッコー」は聞けない。残念ですね。これも諸行無常ですよ。昔は「コケコッコー」と鳴いていたのが、「ココココ」だけになって。その雄鶏の一声というものがいかに素晴らしいものかということです。

「鶏蛋《けいたん》子孫を残す」という言葉があります。「蛋」は、蛋白質《たんぱくしつ》の「蛋」です。卵の白身を「蛋白」と言って、黄味を「蛋黄《たんこう》」と言います。それで、「鶏蛋」は卵ということです。卵というものはつまり、鶏の子孫を残していくわけです。鳥だけではありませんよね。卵というのがなければ、動物は子孫を残せません。動物というものは、すべてとは言いませんが、卵があって初めて子孫が残っていくということで、これは大切にしなければならない。人類もまたそうですよ。やはりその子孫が、素晴らしい子孫であるようにと願って、我々は子供たちを大切にしていかなければならない。次の世代を考えるわけです。一代だけでいいならばそれだけのことですけど、素晴らしい人類を残していこうと思うならば、子孫を大切に、ということです。孫を大切にということです。国力のもとでもありますからね。

真心と饗応と犠牲

子供を大切に、孫を大切にということですが、正月などには皆が集まってきます。そういう意味で、「鶏黍《けいしょう》の款《かん》」といいます。「鶏」はにわとり、「黍」というのは「きび」。五穀の中の「きび」ですね。「款」は真心。これはもう死語です。死語ですが、字引にちゃんと出て来ます。真心をこめて饗応するということです。饗応ということも、もう死語です。これは、ご接待です。ご馳走する、振る舞うということです。

饗応という言葉が残っているのは、我々禅宗で、雲水生活をしている頃に、「うどん饗応」というのがありました。常時は一汁一菜ですけど、信者さんがとくに今日はご供養したい、何がいいでしょうかと。それでしたら、我々雲水はうどんが大好きです。そうですか、それではうどんを饗応させてもらいますと、うどんをごっそりと買い求めて運んでくれるわけです。それをお昼にたらふくよばれるのです。それが楽しみでした。それで「うどん饗応」という言葉が残っています。

また格別な信者さんから、それでもまだ足りないということで、三ヶ月に一回か二回、「終日饗応」という供養がありました。一日中、そのご接待の饗応にあずかるわけです。普段なら朝はお粥ですけど、この「終日饗応」の時は、朝から白いご飯です。昼にはまたご馳走が出るわけです。さらにまた晩ご飯も大ご馳走です。これがもう唯一の楽しみです。このときは、うどんではなくて白米です。私たちは喜んでよばれたものです。ですから、饗応という言葉は今でも懐かしく思い出します。今の言葉で言えば「おもてなし」でしょうか。

「鶏黍の款」というのは、その饗応を真心をこめてする。正月や何かの時には、家族、親族一同が集まってきます。そういう時に主人がご馳走をしようと。何を振る舞うか。昔のことですから、家畜がいる、牛がおり、羊もいる。だけど、手頃なのは鶏です。みんなが集まってきた。それでは「今日はあの鶏にするか」ということです（笑）。鶏にとっては大変迷惑ですけどね。

それで鶏を捕まえてきて――残酷な話ですけど事実ですから――、その首を絞めて、頸動脈をぱっと切るのです。するとダーッと血が出る。この血を出さないと肉が旨くならない。私が小さい時は、田舎でしたから、そういう映像というか、光景を知っていますけど、むごいです。それで調理をして出すわけです。今はそんなことないですよ。専門の料理人がやってしまうから。それでテーブルには、きれいに鶏料理が盛られて出てくるのです。黍《きび》ご飯に鶏肉をまぜて炊いて、そして真心をこめてご馳走する。これが一番のご馳走、大盤振る舞いです。

それを、みんなでよばれるんです。人間、食べることで和やかになるんです。食べながら喧嘩したりしないですよね。私は平和の一番のもとは、みんなで和やかに食べることだと思います。これはみなさんもよくおっしゃっておられますが、大事なことだと思います。ところがそこで、和やかに平和になるということを、我々はすぐに強調してしまうんです。たしかにその通りですけど、その和やかである裏には、犠牲になった鶏がいるということを、我々はつい忘れてしまう。とくに今は、料理全体がすっかり調理されて出てくるから。まだ昔は、それを見ている者がいたのです。あの鶏が殺されたんだ、ということです。

ですから、平和というのは我々は普通素晴らしいこととして言いますし、またそう願うわけですけど、そして幸福というものを追求するのですけれど、その裏には、必ず犠牲になった生き物、犠牲になった人々や自然環境といったものが必ずあるということを、我々は忘れてはならない。「鶏黍の款」、これは和やかなおもてなしの言葉、もちろんそうだけれど、その裏にはやはり犠牲になった鶏がいるということを知っておかなければならないということです。

それで、みんなで和やかに食べるでしょう。それはいいことです。そしてお客さまは帰って行くのです。すると、お父さんお母さん、お爺さんお婆さん、みなさん、お疲れになる。とくにお婆さんは、料理して一生懸命振る舞うわけです。ところが、孫たちが帰ったら、やれやれと。もう肩は凝るし気は遣うしで、ぐったりしてしまう。これが「孫疲れ」というものです。

また一方で、「孫力」というのがあって、孫が来たことによって、お爺さんにしろお婆さんにしろ、確かに疲れるけれども、元気が出るわけです。これを「孫力」という。こういうことがあるのです。

たしかに、「孫疲れ」というのは我々もそうです。だんだん歳をとると、足腰が弱ってくる、頭がぼけてくる。ところが幸せなことに、孫ではないけれど、僧堂には若い者がいるから、なにくそ若い者に負けてたまるかと。ファイトが湧いてくるわけです。ですから、おかげで元気が保てるんですね。これを「孫力」というのです。

会社などもそうですよね。やはり若い人がいれば、若い者に負けてたまるかと。そういうこころはみなさんお持ちだと思いますよ。先日、全国一若い市長が誕生しました。若い人が出てくると、今まで現役だった人たちが、これはうっかりしてはおれんな、というふうになってくると思います。若い人が出てくると、刺激にもなるわけです。だから「孫力」です。

そうすると、人類はお互いに切磋琢磨して、若い人、壮年の人、歳をとった人たち、男も女も、みんな切磋琢磨して、人類は進歩し発展して行くのではないですか。これが無常ということでもあると思います。

南京の鶏鳴寺

それから、「鶏鳴《けいめい》」ということがあります。これは孟嘗君《もうしょうくん》の函谷関の話です。孟嘗君が秦に幽閉されて国外に逃れようと函谷関までやって来たけれど、関所の門は閉められていた。一番鶏が鳴かないと門を開けないという掟があったわけです。そういう掟があったので、門は閉じられている、ところが追っ手はやってくる。それで困っていると、一人の物真似師、声色使いがいて、これがすっと闇に消えた。

今もいますよね。テレビなんかに出て、上手に歌手の物真似をやって、みんなが素晴らしいと手を叩いているが、私は肝心のその歌を知らないものだから、どう上手なのかがわからない（笑）。

この声色師は、すっと闇の中に姿を消した。しばらくすると、「コケコッコー」と鶏の声が山中にひびきわたった。そうすると、鶏たちはその声を聞いて、まだ夜が明けないのに、一斉に「コケコッコー」と鳴いたというんです。そこで門番が門を開けて、それで逃げていくわけです。これが有名な「鶏鳴」ですね。

ところが我々仏教徒にとっては、この「鶏鳴」というのは別の意味で大事なんです。どういうことかというと、お釈迦さまは十二月八日に、明けの明星をご覧になってお悟りを開かれた。その時刻はいったいいつ頃かというと、それが鶏鳴の時間だというのです。日本の臨済宗の専門道場では、お釈迦さまの成道にちなんで、十二月一日から一週間、臘八《ろうはつ》大接心《おおぜっしん》という修行をやります。一週間、ずっと坐り続けるという厳しい修行ですが、お釈迦さまの成道を追体験するわけです。最初は十二月一日の朝から、終わりは十二月八日の鶏鳴に至るまでと、こういうことです。鶏が鳴かなければ、いつまでも坐り続けなければならない（笑）。したがって、我々禅僧の間では、この「鶏鳴」はよく知られています。

ところで、年の暮れにはもう十四、五年くらい前から、縁あって南京に行っています。その時に一人の庵主さんが必ず法要に出て来てくれている。その庵主さんが、ぜひとも一度うちのお寺に来てお話をしてくれと言われて。それで去年の十二月半ばに初めて参ったのです。

ご存知のように、南京は、昔、梁の武帝がおられたところです。そこで梁の武帝と達磨大師がお会いになったということはよく知られています。どこかにそのお寺があるということを前から聞いていたんですが、どうもこのお寺がそうらしいと目をつけていました。その庵主さんのお寺は鶏鳴寺といいます。しかし確定的な史料がないのです。だから半信半疑でそうかなと思っていて、今回はじめて行ったわけです。

それで行く途中に、南京市市役所という看板の建物があって、そこから少し坂を上がったところが鶏鳴寺でした。その寺でお話をしてきたのです。その時に私は、鶏鳴寺というのは素晴らしい名前のお寺で、じつはお釈迦さまが成道した時を「鶏鳴」といい、それにちなんだ名前ですよ、とこう話しましたところ、講演会場に来ておられた、ほとんどの方が知りませんでした。皆さんが「そんな素晴らしい名前の寺なんだ」とびっくりしていま

諸
行無常

した。

それから、お話の後で、お食事をといって案内されたところが見晴らしのよいところで、南京市をずっと見渡せる。そして南京城があって、いつも私はすごい城壁だなと下から見上げるだけでしたが、ところがこの鶏鳴寺からは、それが見下ろせるんです。それほど高いところでした。そこで、そうか、ここは南京市を一望できる素晴らしい寺だなと。もちろん昔と今は寺の建物は違うでしょうけど、なるほど、ここに梁の武帝が建てたお寺があったのではないかと。そこで確信を得たわけです。

梁の武帝は達磨大師を招いたわけです。そこであの有名な無功徳《むくどく》の問答です。武帝が、「私は寺を建てたり、僧に供養したり、経典を講じたり、これだけ素晴らしいことをしていますが、この功徳はどれほどですか」と尋ねたら、達磨大師は「いや無功徳だ」と答えられた。功徳がないとしたら、自分はいったい何をしてきたんだ、ということですよね。それではお聴きしますけど、仏教で一番大事なことは何でしょうか、と。武帝が「如何なるか是れ聖諦《しょうたい》第一義」と聞いたら、「廓然無聖《かくねんむしょう》」と達磨大師は答えられた。無文老師のお言葉を借りれば、「秋晴れの空のように、からっとして何もない。これだ」と。

武帝と達磨大師の問答というのは、それをどこでやったかということはあまり聞きませんが、中国のお坊さんは、それは鶏鳴寺だということをちらちらと言っていたんです。今回その鶏鳴寺に行ってみて、私自身、ここだと確信を持ったということです。もちろん史料はない。でも、そんなことはどうでもいいんです。自分に確信があればそれで充分です。そこに行政府があって昔は城があったんでしょうね。そしてそのかたわらに、帰依するお寺を建てたのだと思います。そのお寺に達磨大師をお招きして問答をした。

武帝は達磨大師の意が理解できなかったので、達磨大師は揚子江を渡っていくんですね。渡ってすぐに嵩山には入っていないんです。揚子江を渡ってから、しばらくのあいだ過ごされたお寺があるという。以前そこに案内してもらいましたが、お寺は文化大革命の時に潰されて今はないんです。その時に再建したいと言ってましたが、今回もまだ再建途上のようでした。年末の出来事から新年の諸行事と、目まぐるしく時は経って、無事にお正月を過ごしたわけです。

「因縁の法」とは

諸行無常ということで、いかに移ろい行くかということが問題となります。『証道歌《しょうどうか》』

という永嘉《ようか》禅師の言葉に、「五陰の浮雲は空しく去来し」というのがあります。本当に、光陰矢の如く時は過ぎ去っていくわけです。そして我々の肉体というものは何時までもあるように思っていますけれど、考えて見ますと、浮き雲のようなものだと。はかないもので、雲の如くただ行ったり来たりしているものに過ぎない。それでいったいどこへ行くのか、そういうことは分からない。それが時の流れというものです。そういうことを、昔の人は我々に教えてくれるわけです。

そこで、諸行無常の世の中というものを、お釈迦さまはじつはすべて「因縁の法」だというふうに説かれるのです。これは素晴らしい言葉です。因縁の法というのを説かれたのは、お釈迦さまだけでしょう。そう思います。この宇宙というものが、因縁の法でじつは動いているということです。

私は小さい頃、昼の青空を眺めながら、また夜には無数の星を眺めながら、こんな大きな空はいったいいつ頃からあるんだろうかと考えたことがありました。そのころはまだ、宇宙という言葉は知りませんでしたけれど、ずっと昔からあるんだろうなと。そして、この大空のずっと遠い遠いところはどこまであるんだろうか。そういう果てまで行ってみたいなと子供心に思ったことがありました。誰しも子供の頃には、そんなことを考えたことがあるのではないでしょうか。

だけど最近、週刊「地球四六億年の旅」（朝日新聞出版）を購入したんです。それによると、一九二九年、アメリカの天文学者エドウィン・ハッブルが、銀河は遠いところにあるものほど速く遠のいていくということから、宇宙は膨張しているということを発見したというんです。これは凄いことですね。なるほど、我々にはわからないけれど、宇宙は一時も休むことなく今も膨張していると。

そういうことで、これは宇宙には始まりがあったということです。一九八三年以来、今の定説では、宇宙は一三八億年前、物質、空間、時間が全く存在しない無であった。その無から誕生するというわけですが、無から生じたほんのちょっとした毛先のような、ごく小さな米粒みたいなものが、バーッと爆発するんです。これをインフレーションというんですが、急激な膨張をすることによって、光と熱、それから素粒子、そういったものが満ちみちて大空間ができたと。そしてその時間は、瞬きするほどの瞬間だというんです。本当かな嘘かなというところですが、この本にそう書いてあります。ご存知のように、それをビッグバンと言うんですね。

さらにいろいろな条件の下で宇宙最初の星が誕生し、やがてこの大宇宙の片隅に銀河系というのができて、その銀河系の中に太陽系ができて、地球が生まれたのが四六億年前だと、こうなるんです。これを考えてみれば、おそろしいほど因縁の法です。因縁ということですね。お釈迦さまは素晴らしいことを説いておられる。宇宙ができることからして、因縁の法です。私たちはこの原点をよく知っておくべきだと思います。

因縁の法とは、縁があって生じたものは、縁が来ればみな滅していく。これを諸行無常というのです。すべてが移ろいゆく。宇宙の存在自体が、諸行無常です。だから膨張していって、今も因縁の法で膨張している。我々の目には見えないけれども、膨張して動いているんです。そういうことですね。

この因縁の法の中で、じつは三八億年前、地球の深海に熱水が湧き出てくる。その熱水の中で生命が誕生したというんです。これまた想像つかないことですが、これが今の定説です。それで、その触媒をしたのがケイ素だと言うんです。ケイ素は熱水の傍にあった。それが触媒となって生命が誕生した。人間はみな水が必要でしょう。人間だけでなくて生き物はみな水が必要ですね。それはなぜかと言うと、元をただすと生き物は海水の中で生まれたからです。そうなると、ケイ素も必要ということになる。触媒の働きですね。このケイ素が私たちの細胞の活性化に重要な働きをしているのです。だからケイ素を補給すれば人間若返るのです。実際に老人になると斑点が出ますが、これが数年たつと消えることもあります。

そして、三八億年前に生物ができた。これは因縁の法です。そのことをお釈迦さまは説かれたわけですね。さらに生物が進化して、現代の高度な文明を持つ人類に我々はなった。そしてこの科学文明というのがどこまで進展していくかは分かりません。なぜなら諸行無常だから、移ろい行くからです。これが終点だということはあり得ないわけです。

その中で素晴らしいこともあり、我々は幸福というもの、豊かな生活を享受することができましたけれど、しかしまた半面、悩みも多くなってきた、悪いことも多々ある。この因縁の法というものは、私たちにとって良い面もあれば、必ず悪い面もあるということを知っておかなければならない。

我々は良い面だけを追求していくわけです。それに対して悪い面も必ず出てくる。そうでしょう、いま問題になっている原子力もそうです。それから遺伝子を操作していろんなものを作りだす。それは科学の進歩だと言うけれど、その弊害がどんなものであるか見当もつかない、そこはまったく分からないという。これは大変なことだと思います。

つい良い面ばかりを追っかけていくけれど、それに対して必ずリスクというものがある。

リスクが起きた時にどうすればいいかということを、忘れてしまうわけです。相対の世界には、必ず良い面と悪い面がある。絶対の世界は別です。我々はそれをつい忘れてしまう。相対の世界に住んでいるということを忘れるわけです。いつ大問題が起きるか肝に銘じておく必要があります。

大震災の経験から

物事は移り行くということ、そして移ろい行くゆえに、そのものの実体はないということ。諸行無常、諸法無我です。これもお釈迦さまの説かれたことで、我々はただただ感服するばかりです。ハッブルが望遠鏡をのぞいて、諸行は移ろい行くこと、膨張するということを発見した。けれどお釈迦さまは二千数百年前に、すべてのものは移ろい行くということを発見された。いかに偉大なお方かということです。

ところが悲しいかな、それを証明する人がいなかったから、たんなる教えとして「諸行無常」ということを、知識として知っているだけのことが多いんです。だから中には、「諸行無常じゃないよ」という人もいるわけです。具体的には、「何でも移ろい行くというけれど、庭の石はいつも同じ格好をしてるじゃないか」と。こういう初歩的な疑問です。すべて変わるのであれば、庭の石も朝起きてみたら変わっていた、そういうことが起きてもいいではないかと。これは極端な例ですけれど、それは明らかに我々が見ている時間が短いということです。長久な時間で見ていけば移ろい行くわけです。

川の石がそうですね。丸っこい石になっています。あれはなんで丸っこくなっているかというと、最初からあのように丸いものではなかった。山から流れてきたごつごつした石が、川の流れの中で流されていくうちに、だんだん丸くなってきた。「人間もそうならなければいけません。ごつごつしていたらいけません。丸いすべすべした石を見よ」と、よく言われます。長い歴史の中で、ああいう丸い石になったということです。

もう一つ極端な例を言うと、マホメットが「山が動く」ということを言っています。けれど実際、山が動くのは見たことがないです。山が動くのを見ようと思ったら、もう命懸けですね。ところが数年前に、台湾で大震災がありました。震災後すぐ台湾に行きました。お寺の救援活動の一環で行ったわけです。近くに行ったら、凄かったですね。そして遠くを見たら、遙か彼方の山頂が真っ白になっていました。冬の季節でもないのに頂上が真っ白で、「おかしいな、あれは雪か」と思ったくらいです。

じつは地震で横に揺れて縦に揺れて、上下左右に揺さぶられて、頂上付近の樹木が全部崩れ落ち、山肌がむき出しになった。それで頂上から八合目くらいまで、真っ白になっていた。それを見た時に、何とやはり山も動くんだなと。実感したのです。なるほど、偉い人は山が動くと言ったけど、ほんとに山も動くんだなと実感しました。諸行無常だな、動かない山も動くんだと。

阪神淡路大震災の時もすぐに行きました。被災した方々をお見舞いしなければならないと思って、炊き出しの前でしたから、食事を振る舞いに行きました。そうしたら、よう来てくださったと感謝されましたが、翌日に坐禅会がありますから、どうしても帰らなければならない。それで皆さんにご苦労をかけてしまったわけです。

あの時は、京都から阪急西宮までしか行けなかった。阪急西宮まで行って、それから歩いて、ずーっと行ったわけです。西宮から神戸におられる信者さんたちをできるだけ尋ね歩いて、神戸に着いたのがもう夕方だったんです。また歩いて帰らなければいけないので、日も暮れたから、仕方がない、そろそろ帰ろうかと。

来るときに時間を計りながら来ましたから、これくらいで阪急西宮まで行けるだろうと思ったのが間違いの大本。震災になったら、そんなのは目茶苦茶です。もちろん昼間はなんとかがれきの中を歩きました。けれど夜は停電であることを忘れていた。真っ暗です。足下も見えない。歩を進めないんです。何とか辿り着こうと、ヒッチハイクをやろうと思ったんです。ところが、ヒッチハイクをやろうにも車が来ない（笑）。震災のすぐ後ですからね。時間だけが過ぎていく。ようやく「おい、車が来たぞ」と。そうしたら、何と自衛隊の車両でした。向こうの方が必死になって「どうしましたか」って。そこで、「どうもせんけど、私たちは京都に帰りたい。ヒッチハイクで乗せてくれませんか」と言ったら、「いやあ、悪いですね。乗せてあげたいですけど、私たちは山手の方へ行くので乗せてあげられません」と。

それで仕方ないと、また少しずつ歩いていたら、来ました、こんどは自家用車が。中年の夫婦が乗っていて、止まってくれた。「すみませんね、私たちはこういうわけで、これから西宮まで行くんですけど、乗せてくれませんでしょうか」と頼み込んだ。そうしたら、運転しているご主人はちょっと渋った。自分たちは神戸の山奥の方のお父さんお母さんを見舞いに行って帰る途中だからと。そうしたら奥さんが、いや、お乗せして行けるところまで行ったらどうですか、と言ってくれたんです。

それでご主人も折れて乗せてくれた。ただし、途中までですよと。いや、それで結構です。そうすると、奥さんはやっぱり偉いですね。しばらく走って、ここが我が家ですというので、ありがとうございますと降りようとしたら、奥さんがご主人に、近くの駅まで送っていってあげて、と言ってくれたんです。

それで助かりました。本当は震災の真っ暗な中で私はどうしようかな、と思ったんです。駅まで辿り着いて、やれやれと思いました。すると、早く乗ってください、最終電車ですよ、と。その後、西宮北口で乗り換えなければいけないんですが、そこに着いたらまた、早く乗り換えてください、最終電車ですよ、と。二回目です（笑）。それで京都に帰って来たのが、朝の二時くらいでした。

その時に、まあこの世の中に、やはり仏さんはいらっしゃるな、と。仏さんに導かれて帰ってきたわけです。神戸の大震災の現場で捨てておかれるところでした。仏さんにちゃんと導かれて、遅くなったけど、朝の二時までに帰ってこれた。そして朝の五時からの坐禅会に間に合ったわけです。つくづく、やっぱり仏さまはいらっしゃるな、と確信しました。実際に震災に遭われた方からすれば軽微なものではありますが、これも体験です。

因縁の法の中で

この世の中というのはすべて移ろい行くんです。諸行無常です。我々はそういう中で生きていますが、それでは私というものがあるかというと、ないわけですね。けれど、それがあるかのように、つい我々は思うのです。すべてのものは空です。だけれども、自我というものを主張するのです。そこにやはり悩みいうものが現れるわけです。

このことを私はよくお話しするのですが、因縁の法というのは、それではどうあるのか。因縁の法とはどういうものか。それは目に見えない流れです。大きな大きな流れ。しいて言うならば、川の流れのようなもの。因縁の法とは川の流れのように流れていく。

ところが、川の中にちょっとした岩があります。そうすると、川の流れはその岩に当たって、水しぶきを上げます。私はそのことをよく話しました。我々は、この川の流れのように流れていけば、何の問題もない。ところが、その中に自我という大きな岩があるわけです。そこで水しぶきが起こる。苦しみが生じるわけです。ずーっと流れていけばいいのに、つい自我で水しぶきが上がってくる。そういうことです。

私が思うに――ここでまた無文老師の話が出てくるわけですが――、無文老師ほど因縁の流れに乗ったお方はいないと思います。まったく因縁の法に乗ったお方であったのです。これには一つ素晴らしいコツがあります。それは、じっと時が来るまで待つということ。辛抱ですね。これは大変なことですよ。辛抱している、泰然としている。三十三年間お仕えして、無文老師というお方は偉大なお方だな、と。もちろん、何もしないわけではないのです。働いているということは働いているけれども、ご自身のことについては、じっとして因縁が来るのを待っている。その一番最たるものが、五十歳になるまでの雲水生活です。五十まではそれは大変なことでした。そしてやっと五十になって因縁がめぐったんでしょうね。あっという間に住職になって、学長になって、師家になっていった。けれど、人様のことに関しては積極的に働きかけていましたね。それも、因縁だからです。これは因縁でこうなったからといって、働きかけていったのです。

我々はよく言いますね、お腹が空いて、「おい、飯だ、飯」ってね（笑）。老師は、そういうことは一切言われない。ただし、お客さんが来られたとき、「早よ持って来い」と言われた。これはお客さまがおられるからで、自分のことについてはじっとしておられた。お腹が空いても、何があっても泰然としている、そういうお方でした。

それがどうして培われたかというと、闘病生活です。大病、肺結核で隔離された体験をお持ちですからね。病気中に、朝と夜に食事が出てくる。結核は感染するというので、お手伝いさんが息を詰めて、音も立てずに襖をあけて、そーっとお膳を置いていく。これを毎日やられるわけです。ほんとにまいってしまいますよ。

それでも飯は食わないといけない。どれほどみんな、自分を嫌ったことか。友だちが家の前を通るときは、息を止めて走り去って行く。うつるから、近寄っちゃいかんと。そういうことの中で、ずーっと闘病生活に耐えておられた。これだったと思いますね。何時、死ぬか分からん、そう自分を見つめながら、みんな、死ぬのを待っているんじゃなあ、とよく話しておられました。みんな、自分が死ぬのを待っていると。そういう心境で、でも命ある限りは生きて、何時、死ぬか分からんと、そう覚悟しておられた。

それでも、幸いに生き返られましたからね。それからは、老師はますます元気になられた。私も長年おそばに付いておりましたけど、やはり生身ですからね、時には怪我もするし、風邪も引かれるわけです。でも、いつも口癖のように、「病気するやつは偽者じゃ」と言っておられました。あの言葉の老師の真意はいったいどこにあったのかといつも思っていました。「病気するやつは偽者じゃ」と、病気した禅僧の悪口を言っておられるかのごとく聞こえますが、要は、ご自分自身に言い聞かせておられたのではないか。「病気する者は偽者だよ」と自分に言い聞かせておられたと、そう思っています。これはなかなか言えないことですよ。「おまえ、病気したら偽の禅僧だぞ」と言って、自分で励ましておられた。だから、何がなんでも辛抱だと。そんなちょっとやそっとのことで病気になっておられるかい、という意気込みというものを、そのように口に出して言っておられたのだと思います。

ある時、ある寺で昼にご馳走をよばれて、それで一度自坊へ戻って来られたけれど、また夕方の法話会によばれて出掛けられた。ところが、途中で気分が悪くなられたんです。けれど、侍者の私にはうんともすんとも言われない、黙っておられた。そして会場に着いて、私がお茶を持っていった。そうしたら、手拭いを持って、それで口元を押さえて。だから誰も知りません。私はたまたまそれを見たわけですけれど、それほどまでに酷いのに、「老師、大丈夫ですか」と言えませんでした。老師のお気持ちを察すると、軽々しくは言えません。普通だったら言ってしまいますけれど、しかしその時はだめでした。そういう雰囲気ではなかった。それほどまでに、自分に対してどう対応していくか、どう打ち克つか実践しておられたんです。それで私は見ないふりをして、すっと部屋を出ました。

まあ、このような方は、そういらっしゃらないと思います。他にもたくさん例はあるのですが、もう一つは、ヨーロッパに旅した時、アルプスのユングフラウヨッホまで行きました。おかげさまで、そんなところまで行かせていただきました。そういう酸素の薄いところへ行かれても、たとえ高山病で気分が悪くなられても、老師はなにも言われないんです。

それから下山して、何日か後、自動車に乗って移動していた時に、ふっと気がついたら、手の指先が血ぶくれになっていまして。私はびっくりして、思わず「老師、どうされました。痛いでしょう」と言ってしまいました。辛抱されておられたのでしょうね。どうしてそうなったのか。自動車のドアに自分で挟んだのか、誰かがドアを閉めた時に手を挟まれたのか、分かりません。だから、後はすべて「事後報告」のようなことになるわけです。これはもう、そのままにして差し上げるのが一番いいのかなと思いました。下手にああだこうだと言ったら、余計に気を遣われるわけです。忍耐する、徹底辛抱されるお方でした。

つまり、諸行無常の因縁の法の中に自分があるということをよく知っておられた。だから怪我をした、気分が悪くなったといっても、それを他人のせいにしない。自分がそういう因縁に今あるんだと、そういうことを自分でまともに受けられたということですね。それはなかなかできないことですよ。もちろん命にかかわることだったら、別でしょう。これならば大丈夫と判断されたから、騒がずに黙って辛抱されたわけです。どんな処置をしても痛いですからね。痛いけれど、じっと辛抱された。

四苦八苦ですね。我々は、因縁の中にある自分というものをよく考えていかなければならない。ところが、事件とか何かが起こると、やはり誰かの責任だと考える。もちろんそういうことはあります。でも、もとはやはり自分です。自分がそういう因縁の中にあるという自覚が、現代人にはないですね。何かがあると、相手ばかり追求していく。相手の責任にするわけです。

諸行無常ということは、もちろん誰でも知っていますね。言葉としては小学生でも知っています。だけど本当にこの諸行無常ということが分かっているかどうか。分かった上でこの言葉を使って、そして因縁の法の中に生きていくということほど難しいことはない。でもある意味では、これは楽なんです。因縁の法に乗って、川の流れのように流れて行くというのは、一番楽なんです。流れに乗っていけばいいわけですから。

だけれど、なかなかこれが難しい。というのは、波風を立ててしまう。我々はそういった水しぶきを起こすわけですが、そういう自分の愚かさというものを、やはり我々は知っておかなければならないということです。人間の愚かさ、貪《とん》・瞋《じん》・痴《ち》の三毒のなかの愚かさということです。

Ⅱ　生きる苦しみ

四苦八苦について

人生の苦しみということについて、仏教では「四苦八苦」といいます。

お釈迦さまは、生・老・病・死の四つの苦しみに加えて、さらに四つの苦しみ――愛別《あいべつ》離苦《りく》（愛する人と必ず別れる苦しみ）・怨憎会苦《おんぞうえく》（嫌な人と会わないといけない苦しみ）・求不《ぐふ》得苦《とくく》（欲しいものを得られない苦しみ、あるいは得てもまた欲しくなる苦しみ）・五蘊盛苦《ごうんじょうく》（この肉体を持っている苦しみ）――を合わせて、四苦八苦と説かれました。

それで、愛別離苦というのは、これは皆さんもよくご存知の通りです。好きな人と一緒になるとしても、いつまでも一緒におられるということはない、必ず別れる時が来ると。好きな人と結婚してもいつまでも一緒にいられない。死ぬときは皆別々です。夜親しくダブルベッドで寝ている人も、死ぬときは離ればなれです。その証拠にダブル棺桶はいまだにありませんと、人々に笑い話でお話をしています。出会いは別れのはじめである、とよく言われる通りですね。出会いの嬉しさというものに、つい我々は調子に乗ってしまう。

そしてリスクというものを忘れるわけです。先ほどお話しした通り、必ずリスクがあるということを忘れてはいけないということです。怨憎会苦ということがありますね。嫌な人と必ず会わないといけない。あの人とは絶対もう会わんぞ、と思いつつも、ふっと会ってしまう。お互いにそういうことが多々あるのです。これは当たり前のことです。何でこんなところであの人に会わないといかんのや、とかいうわけです（笑）。一番身近な話が、小学生の頃の話です。大人になってからもいろいろありますが、小学生の頃、クラスが変わると、座席が変わりましたね。今でもそのようですが、そういう時に、あの子と一緒になればいいなと思っていると、必ずとなりに嫌な子が来るんですね（笑）。よくあるでしょう。これですよ、人間の世の中というのは。

今はその上にいじめがあるんですね。でも、こんなことを言っていいのかわからないけど、いじめをうけるのを避けてはだめです。いじめは絶対してはいけません。これはお互いによく注意すべきことです。私はおかげさまで、こういうふうに歳を取ると、みなさんに重たい荷物なんかを持っていただきます。持ってもらわなければならない時は持ってもらいますが、ごく親しい人には、「年寄りはいじめないかん」と言っています（笑）。間違わないように聞いてください。他の老人の方に対して言っているのではありません。私自身に対して「年寄りはいじめないかん」と言って、重い荷物を自分で持ち運びしています。いじめは若い者だけではなく、年寄りの世界にもありますが、つまり誤解を怖れずに言えば、まだいじめられるだけの力がある私はいじめられればいいのです。いじめてはいけないことになればいじめちゃだめですよ、人道的にも。というのも、元気な間はなんでも自分でやるという意欲を持たないといけない。それは年寄りには大切なことですよ、元気な間は。だから、それを悪い言葉で言えばいじめです。

これは冗談でいつも言っているんですが、荷物をいろんな人が持ってくれます。最初の頃はああそうかなと思って、まあ持ってもらうのもいいかなと思って、「じゃあ、お願いします」と言っていました。ところが、日本でしたらまだいいですけど、外国では荷物を渡してしまうと、いざ必要な時に肝心の荷物がない、預けた人がいない。どこへ行ったと言おうとしても、言葉が通じない。そしたらもう何もできない。そういうことが何回かあったんです。それで、これはいけないと、外国へ行ったら一切人様に渡さず、自分で持つようにしています。これはやはり大切だなと思って、いまでは日本でも渡さないですね。それで、「いやあ、年寄りはいじめないかんですよ」と言うと、この一言でもう誰も持ってくれませんね（笑）。

「負けて帰れ」

いじめというのは、いつの時代でも人間どうしで絶対してはいけません。その通りです。しかし、物事は良い面と悪い面とある。いじめられない人間が作られていっているということもあります。いじめられるということは、それに耐えなければいけない。これは個人差がありますから一概に言えませんが、いじめられるということは、それを耐えていく、ということです。人間には耐えるということが必要なんです。豊かになると、全てのことに耐える力がなくなってきた。これは人類滅亡の道を歩いている、退化しているということです。「なにくそ」と、何でもがむしゃらに生きていこうという意欲がなくなってきたということです。もちろん、そういう力がない人には、弱い立場の人には、私は言っていませんよ。そうではなく、一般論からも、私の体験からも、やはり人間にはそういうことが必要だということを言っているわけです。もちろん、いじめはいけません。

じつは、私もいじめを受けました。私は台湾から帰ってきて、そして日本の小学校へ入った。そうしたら、私は三年生でしたが、一つ上の四年生からいじめを受けたんです。当時、三年生と四年生は体つきが違いました。それで、私は自分ではそんなことはなかったんですけど、私をいじめた四年生には私が威張っているように見えたみたいです。台湾と日本の生活習慣の違いがあったかもわかりません。私はそんなに威張ってもいないし、体格はもう骨川筋ヱ門です、痩せ細って（笑）。それなのに威張っているように思われたようで、ある日その人が三年生の私のクラスに来て、「ちょっとおれのクラスに来い」と。どういうことかなと思いましたが、一人で行きました。

それで、今でも忘れませんが、教壇があるでしょう、その前に立てと。「はい」と言って立っていると、教壇の後ろに南京袋を隠していて、それを取り出して私の頭にガバーッとかぶせたわけです。何をするんだ、失礼なやつだと思ったんですが、黙って立っていた。すると、その人が周りの四年生に「おまえら、みんな来い。こいつを思う存分叩け」と言ったんです。私は南京袋をかぶっているでしょう。だから頭からがんがんと叩かれて。それでも私は何をするんだと、じーっと我慢していました。そうしたら、「泣かんなあ」と、向こうが根気負けしてしまった。

それで次の命令が、「泣くまで叩け」と。それでしばらくしてこのままでは、ばかばかしいと思い、悔しいですけど、このままやってても痛いだけだし、我慢もしてきたし、まあ、いいかと思って、泣く真似をしてやったんです。そうしたら止めました。そして解放されて自分の教室に帰ったんです。今頃、こんなことをやったら大変なことですね。でも、私はそれに耐えて、泣くまでやれというから、じっと耐えていたけど、ばかばかしくなって泣き真似をした。それで、けろっとして出て来たわけです。

これは明らかに、今で言う差別ですよ。他国から帰って来たやつはいじめられる。帰国子女ならぬ「帰国男子」、それへのいじめ、差別です。台湾から引き揚げて来ましたからね。生意気だという一つの方便をもって、集団でもって「叩け」と。そんないじめを受けたりしました。

それで学校から帰って、師匠に言いました。こういうふうにして叩かれたよと言ったら、「おまえは偉い、そういう時は負ける方が勝ちや」と言われたんです。「喧嘩して勝って帰るなよ」と、「負けて帰れ」と。これは私の師匠がいつも言っていたことです。勝って帰ってはいけない。負けて帰れ。負けるということが、いかに人間形成の上で大切か。つい、勝ちたくなるのです。それより負けるということの大切さ。負けることにいかに対応していくか。その重要さを師匠は教えてくれました。

これは昔の人がよく言ったことですね。今の親はそんなことは言いません。「そうか、

負けて
帰れ

可哀想に。よし、学校の先生に話をする」となるでしょう。「よういじめられて帰って来たな、よう頑張った」という親なんかいません。昔と今と大変な違いです。もちろん時代は変わっていますよ、諸行無常ですからね。けれど、人間形成の上には大切なんですよ、そういう負けを受け入れるということは。人生はいつもいいことばかりではない。だから、師匠も立派でした。褒めてくれましたからね。「よう負けて帰って来た」と褒めてくれたんです。

そういういじめを受けていますからね。これは大変ありがたい体験でした。そういうことがなかったら、私もよう言いません。それが良いか悪いかは知りませんが、自分にとってはいいことです。でもこれがすべての年代に通用するわけではないということもよく分かっています。ただ、そういうこともあるということを知ってもらいたいですね。

もちろん小学校の頃は、そんないやなこともありましたが、子供ながらにそれなりに楽しい生活をして過ごしました。子供でしたから、毎日いろんなおもちゃを自分で作って。例えば乗り物が好きだったけど、当時は今みたいに乗り物のおもちゃなんかはなかったです。本物の自動車に乗りたいという思いがあっても、あるのは三輪車です。それで自分の力でできることはなんだろうかな、というのを考えたんです。本物の自動車から冷却水というんですか、水滴が落ちるじゃないですか。あれに何か不思議さを感じたんですね、子供心に。それで、そういう水がポトッポトッと落ちる装置を作って三輪車に付けて、乗って後ろを見ると、水が滴り落ちていて、「おお」と（笑）。そんなことで喜んでいました。

そういう一つのことを想像して創造していく嬉しさというんでしょうか。他にもいろいろやっていましたが、そんなわけで自分で自由気ままに遊んでいたのです。日本に帰って来てからは、貧しいお寺でしたから、漫画の本など買ってもらえなかった。子供だから漫画の本が読みたい。村の中にはやっぱり裕福な子がいて、その子が漫画を持ってきて見るわけです。それで、自分も見たいなという苦しみです。生きているがゆえに、子供ながらに、漫画の本を見たいのに見れないという苦しみですね。それで、いかにその子から漫画の本を借りれるか、見せてもらえるか、いろいろ考えましたね。数回に一回は、見てもいいよ、と貸してくれた。嬉しかったですね。そんなことをやって大きくなっていくわけです。

肋膜炎をわずらう

当時はアメリカナイズの一つとして、野球が盛んでした。学校では先生たちがサッカーを指導していました。ところが、サッカーは流行らなかったですね。なぜかというと、足だけを使って、手を使えない。こんな不自由なスポーツはかなわんといって、みんな興味を持たなかった。それともう一つ、うちの師匠いわく、「サッカーなんていう足で蹴飛ばすスポーツはだめだ」と。足で蹴るというのは、当時は失礼というか、礼儀作法に反するとんでもないことでした。だから、たとえスポーツとはいえ、サッカーはNOでした。今では考えられないです。それで野球となるわけですが、ところがこれまた、師匠からクレームがついた。「おまえ、野球をやったら胸の病気になるよ。絶対やめなさい」と。何を根拠に言ったんですかね。あの頃だから、栄養不良か、まだ成長期でしょう。でも今は少年野球団といって、みんなやっているでしょう。何を根拠にそういったのか知りませんけど、やめといたほうがいい。胸の病気に必ずなるから、とこう言った。

胸の病気というのは、結核ですね。村の中で、当時二十歳過ぎた青年が結核だった。当時としては、不治の病で、しかも伝染病です。あの病気になったらもう治らんよ、うつらんようにと、そういうことを言われる時代でした。ああいうふうになるのかな、それはえらいことだな、と思いながらも、それでも野球が面白かったから、やっていました。

そのうちに、村対抗の野球大会があって、私の打席が回ってきて、調子がよかったんでしょう、なんと校舎越えの大ホームラン。まぐれ当たりと言えばまぐれ当たりですが、当時も今も、校舎越えなんてなかなかできないですよね。また打席が回ってきて、二回目。今度はだめかなと思ってましたが、打ったら、またホームランです。それで一躍有名になりました。それですっかり調子に乗って（笑）。そんなことで野球をやっていました。

それで、六年生が終わった。そして春休みに入った。そうしたらある日発熱したわけです。最初は風邪らしい。ところがそれがなかなか治らない。熱が引かないんです。それでお医者さんに行ったら、「いやあこれは、肋膜炎です」と。びっくりして、何ですかそれはと聞くと、「結核に近い病気です」と。そう言われて、あの青年と同じようになるなと思いました。目の前が真っ暗になった。このまま死ぬのだなあ、と。「それで、どうしたらいいんですか」と聞くと、「絶対安静」だと。

これから中学生だと、意気揚々としていたのが、いっぺんにがくーんと気落ちしてしまって。治療方法は、「栄養を付けて、絶対安静」という。栄養といっても、栄養のある食べ物は当時まったくありませんでした。その時、思いましたね。ああ、これでいよいよ終わりだと。あの青年と同じように、みんなから嫌われて、そして息を引き取るという。自分の人生は終わったな、と思った。それが中学一年になる前で、死を覚悟しました。

でも、栄養はないけれど、絶対安静というのは自分でもできるなと思いました。だから、どうしても治さないといけないと思って、毎日食べて安静に寝ていた。おふくろが、「おまえ、そこまで安静にしていなくてもいいのに」というくらい。中学校ももちろん行けない。ずっとお休みです。本当にその時は、自分の人生はこれで終わりだ、と思いましたよ。

そうこうしていると、周りの人たちが聞きつけて、川で鮒が捕れたからと持ってきてくれて、甘炊きして丸ごと食べなさいと。夏になると、蝮を捕まえたからと、蝮の丸焼きを食べさせてもらったり。それから近所の家のおばさんが、うちの息子も結核で山羊の乳を飲ませている。あんたにも分けてあげるから、それを飲みなさいと。こういういろんな人の支えで、だんだん栄養を取れるようになってきたんです。しばらくしてから、当時としてはよく手に入ったなと思うんですけれど、ストレプトマイシン、結核の特効薬ですよ、それをお医者の先生が手に入れて、「これを注射します」と言ってくれました。そんなことで、徐々に回復していきました。

夏休みが過ぎて二学期になった。それでお医者に聞いたら、「まあ、無理なことをしないかぎり学校へ行ってもいいでしょう」と。ただし「無理は絶対いけない。体育の時間は、女子と一緒に見てなさい」と言われた。だから体育は点数は一点でした（笑）。学校の先生も、「おまえは病気だから、無理しないように」と言ってくれて、級友も理解して教室の掃除当番なんかは免除してくれたんです。

二学期も無事終わって、三学期も過ぎ、一学年終わりました。お医者の先生が、一年経ったら、徐々に体育もしてよろしいよ、と。おかげで、学年も留年をしなくて済みました。大変おおらかでしたね。今だったら、一学期休んだら二年生として上がれないかもしれないですね。

それで無事進級できて、みんなと一緒に二年になったんです。周りが理解してくれました。小学校の時とは大変な違いです（笑）。だからあの時、両親の苦労はもちろんですが、村の人たちの温かい思いやり、学友たちが温かく友達づきあいをしてくれたことが本当にありがたかったですね。そして、中学三年生で卒業する頃には、すっかり元気になって、バレーボールをやっていました。そうやって、みんなの力で育てられたんですね。しかし病気の最初の頃は、本当にもう最期だなと思いました。

ウィルスと鳥インフルエンザ

「生老病死」とお釈迦さまがおっしゃられているように、病というものも人間にとって避けられないことがらですね。それぞれの因縁で、健康な人も、病気にかかって一生を過ごしている人もいる。あるいはもっと悪い病気、いわゆる難病にかかってしまう人もいるわけです。健康な者が病気について、ああだこうだと言うことは、本当は差し控えたい。というのは、現に病気で悩んでおられる人たちが多いですからね。健康な人には病気になった人の気持ちは分からないのです。やっぱりなってみないと分からないことがあるわけです。

私も、小さい時に「ああ、死ぬかな」ということはありましたが、現在はそういう病気になっていないから、大人になってからのそういう気持ちはなかなか十分に理解はできないのです。しかし死と同じように、病もいつやって来るか分からないということは、やはりお互いに覚悟しておかなければならない。またいろいろな病気がありますからね、どういう病気にかかるか分からない、ということです。

つい最近の話です。お互いに変わりばえはしないが、ありがたい日常生活のなかに、突然危機がやってくるということが起こるということです。何日か前のテレビで言っていましたが、「えっ」と思って見ました。いつ危機が起こってくるか分からないと。その危機とは、戦争ではありません、自然災害でもありません。けれども危機は突然やって来ると。それを見ていたら、驚きました、それは新型インフルエンザだということです。これはウィルスです。いま世界中でたくさん増えつつあるということです。それは人間の交流や、温暖化などにも左右されるということを言っていました。

この危機をどう乗り越えていくかということが大きな問題です。こういう言葉を使っていましたね、「大感染時代」と。その一つはノロウィルスです。同時にもう一つは鳥インフルエンザ。何万羽殺したとか、テレビに出ていましたね。あれは疫病型ウィルスで、これが今の時期、最も恐れられているという。鳥から鳥への感染、これはまあいいとしても、鳥から人間への感染、これが怖いらしいですね。そして人間へ感染したケースが、今のところ三十九人の事例があるということです。ところが、今の話は鳥から人ですが、今度遺伝子の変化が起こって、人から人へというのが、これが一番怖いんですね。そうすると、人の交流がありますから、一瞬のうちに広がります。それに対抗するワクチンも追いつかないわけです。

今までももちろん怖かったですよ、結核が感染するとかですね。しかしそういう話を聞いて、それ以上に感染力がすごいから、あっという間にみんな亡くなっていく。いつ感染するか分からない、とテレビで言っていました。それを聞いて、今までの病とは認識を変えていかなければいけないということを思いました。今までの病には、それなりの対応の仕方があります。かからないように注意していても、それでもかかっていくのが病気ですけど、こればっかりはいつどこでどうなっていくか分からないということです。そして感染力がすごいんですね。

それと温暖化です。これはどういうことだろうか。鳥インフルエンザは、鳥と人間の体温が違うので感染しない。けれど、遺伝子の変化でだんだんその温度差が近づいて、感染しやすくなる。そういうことを言っているのかと思っていましたら、そうではなく、温暖化でシベリアの永久凍土が溶け出して、この永久凍土の中にどれだけどんな菌がいるかわからない。大昔の細菌が、凍土の中に閉じ込められていたのが、それが温暖化で氷が溶けて出て来たら、あっという間に病気が広がるということです。えらいことを言っているなと思いました。心配し出すときりがないですけど、温暖化で注意することとはそういうことです。凍土の中に、今の現代人では対応できないような、恐ろしい菌がいっぱいいるということですね。

たしかに言われてみれば、当たり前です。アフリカの風土病というのは、エイズもふくめて、みんなそうです。知り合いの和尚さんが、エジプトへ行って来た。通訳さん一人だけ付けて行っていたんです。団体旅行では自由がきかないから、通訳さんだけだったら、行きたいと言ったらそこへ行ってくれるわけです。ところが、それが裏目に出た。たまたま行った先が、菌のたくさんいるところだった。それで風土病をもらって帰って来てしまった。その和尚はまったくそれを知らなかったんですね。それで帰ってきてから、困っていました。日本の病院では対応できないというんですね。

ウィルス対策ということが、これからの一番の大きな課題だということです。病というのは、現代に生きている我々の通常の病ではなくなってきています。それを超えたものになって来ているわけです。

鶏肋とは——老いについて

おかげさまで、今年の十月二十九日をもって八十歳を迎えることになりました。終戦直後は全くの栄養失調で痩せ細っていて、私のことをあだ名して、友達たちはこうも言っていました。「栄養失調が来たぞ」と（笑）。私はそんなこと気にもしませんでした。みんなそういうことに囚われて、反応するからいけないんです。反応しなければ、最初は言っていても言わないようになります。

それで、私はお寺の子でもあったし、当時としては貧乏のどん底でしたから、散髪屋などに行ったことはありません。小さい時から剃髪して、丸坊主にしていました。それで小学校も通ったし、中学校も通った。高校まで通いました。いがぐり頭ではなくて、剃刀で剃って本当に丸坊主でした。なぜかといったら、散髪屋行ったらお金がかかる。師匠が「散髪屋へ行く金はない、わしがちゃんと床屋をしてやる」と言って、自分が剃髪するから、私もついでに剃髪してくれました。それを今でも覚えています。まあ、暑い時は暑い、寒い時は寒い。暖房も何もないから、西日が強く当たる廊下に正座して、そうして剃髪をしてもらいました。

ずっと、そうやっていました。そうすると標的ですね。「おい、丸坊主」って。それで反応したらだめなんです。どんなに言われていても、知らん顔をしていれば、言う方も言わないようになってくる。これがコツです。もう何にも言わなくなる。高校に入学した時、高校は通学域がずっと広くなるでしょう。地元でなく、よそから来たのがたくさんおるわけです。それで最初は珍しかったんでしょう。面白がって「丸坊主や」と言ってました。これも同じように知らん顔していたら、誰一人言わなくなった。一ヶ月くらいは白い目で見ていたけれど、そのうち、もう言わなくなりました。

ところで、酉年にちなんだ話です。鶏肋《けいろく》という言葉があります。これも面白いですね、鶏のダシガラということです。これは皆さんご存知の、『三国志』の曹操と劉備の戦いです。その時、漢中の戦いというのがあるんです。そこで曹操がやられるわけです。前に進めないけれども、かといって退くわけにもいかない。こういうジレンマに陥いるのです。その時に、鶏肋の作戦を立てるわけです。それを知った楊修という人、本当に頭がよくて、曹操の気持ちが分かって、戦場から帰り仕度をするわけです。みんなが「なんでおまえはそんなことをするんだ」と尋ねたら、「いや、鶏肋の作戦ということを大将が言っているではないか。だから私はこれでお暇します」と言うわけです。

鶏肋というのは、鶏のガラです。これは骨ばかりで肉がついていないでしょう。何の役にもたたない。そうかと言って棄てるには惜しい、と。こういうことは我々の生活の中でもありますよ。これはいらないなと思うけれど、棄てるには惜しい。楊修は、「ちょうど今の立場はそのように思う。戦争するのに、前に進む方にもいかない、退く方にもいかない。といってどうしようもない。ここを棄てるのは惜しい、そういうことだと。だから私は帰ります」と言って帰っていくわけです。そういうことから、鶏肋とは、「意味がなく、たいして役には立たないが、棄てるには惜しい物事」という意味になったらしいです。

もう一つ、鶏肋というのは、つまりそのものずばりです。鶏の肋骨と同じように、骨だけで肉も何もない。そういう軟弱者の体格のことをいいます。私はちょうど鶏肋になっていたんです。そこで病気にもなりましたけど、おかげさまで、その後みなさんの力で元気になりました。それ以来これという大病もしておりません。病気をしたその時はもう死ぬかと思いましたけど、八十になるまで命をいただいたということ、それは大変嬉しいことです。

しかし、いくら元気であっても、歳がいっているのは当たり前で、よたよたと腰も曲が

鷄肋

ってくる。この間ある人が、「老師、腰が曲がってきましたね」と。だから、「あっ」と気がついた。ああ、いいことを言ってくれたな、と。自分でも、すこし腰が曲がってきたな、ということは感じています。だけど、人様から「腰が曲がっている」と言われたら、「ああそうだ。しっかり腰を伸ばそう」と、こういう気持ちになるんです。

そういう意味で、ありがたい言葉だなと、私はその時に受けとめました。いいことを言ってくれたな、本当のことをかくさずに言ってくれたな、と。まさに腰が曲がっている。自分でもそう思っているけれど、人が見たら不細工な格好をしているな、ということを思いました。

これは一つの例で、見たところは元気のようだけれど、内臓というものはむしばまれているということは、事実だと自分でも思います。昔の人が言う通りですよ。「歩くさまは、鵞鳥《がちょう》のようによたよたと歩いている」と。昔の老僧方の言葉です。そういう状態になりつつあることは事実です。これが老いというものです。

一本の歯で噛み砕く

有名な趙州和尚はこういうことを言っております。これは我々が老いていくうえにおいて、重要なことだと思います。趙州和尚は、六十歳まで南泉和尚を師匠と崇めて修行して、それから別れて行脚に出るんです。そして八十歳から趙州の観音院、今の柏林寺です、その住職になった。それで百二十歳まで生きたと。だから問答は、八十歳から百二十歳までの間のことなんですよ。

これは私事で恐縮ですが、趙州和尚が八十歳で住職したということは、今の私の歳で住職したわけです。昔の八十ですからね、それはすごいことです。私は、現代のこの長生きの時代で八十ですから、本当は昔の七十くらいなんでしょうね（笑）。

そう思っていたら、このたび縁あって、アメリカのロサンゼルス臨済寺の住職（兼務）をさせていただくことになりました。先代の佐々木承周老師とは語るにつくせない因縁があって、それで引き受けさせていただいたわけです。私も八十歳です。趙州和尚は百二十歳まで生きたというので、よし、私も趙州和尚と同じく百二十まで生きよう、できることなら百二十一歳までと（笑）、そう思っているけれども、どうなるかは分かりません。生きるかも分からん、明日死ぬかも分からん。

その趙州和尚がこういうことを言っているんです。その地方の大王が、趙州の心境について尋ねるわけです。「老師もずいぶんお歳を召されましたね」と。「ところで、歯はどれほど生えていますか」と、まことに失礼なことを聞いているんです。昔はこれで良かったのでしょう。今そんなことを聞いたら、たたかれます（笑）。失礼なことを単刀直入に聞いている。「歯はどれくらいおありですか」と。そうしたら趙州和尚は、「たった一本だけ生えている」と。たった一本だけと、素直に答えている。すると、「一本ですか。一本でしたら、どうやってご飯や、いろんなものを噛まれるのですか」と、大王が聞くわけです。上下があれば、まだ噛み合わせられるけれど、一本でどうして噛めますかというわけです。すると、「たった一本の歯だが、一つ一つものを噛み砕く」と、こう答えた。これが趙州和尚の答えです。一つ一つ噛めば、一本の歯で十分だと言うんです。これからの老人たちは、この言葉をよく味わっておくことが大切です。今頃こういうことを言う人はいないでしょうからね。

私は虫歯はありますけど、まだ自分の歯です。入れ歯じゃないです。この前、虫歯の治療に行ったら、歯医者さんにこう言われました。「あなたは幸せ者ですね。あなたの歯は立派です。お母さんからよっぽど素晴らしい歯を授けてもらったんですよ」と。その時に、「ああ、おふくろはありがたいなあ」と。自分のからだのカルシウムを、すべて私に放り

一本の
歯で
噛み砕く

込んでくれたわけです。ところが、あまりに素晴らしい歯というのは堅いんです。堅いということは、一面、力強く噛んだらカーンと縦に割れやすいのです。先生いわく、「あなたは物を食べる時に、ものすごい力を入れて食べています」と。「普通こんなに縦に割れん」（笑）。よく横に割れたりはするけど、あなたは縦に割れている。これは処置のしようがないといって、ほったらかしてあります。いよいよだめになるまで、ほったらかしておこうかと。だから、いいなあと思う時もあれば、それがまた難儀にもなる。

それで趙州和尚のことですけど、たった一本の歯だけれど、噛みしめてよく噛んでいる、と。これはどういうことか。歯は一つの例ですけど、我々は因縁の法で与えられたこの命というものを、この趙州和尚のたった一本の歯だけど、それでよく噛みしめて味わっていくというように、つまり最後まで完全に生き尽くせということです。そういう教えでしょう。命ある限り、それを最後まで生き切れと。歯を例として、一本だけど、それで一つ一つのものを噛み砕いて、いろんなことが起きるけれど、その一つ一つの問題をよく熟知して、自分にいただいた命を完全に燃焼して生きるということです。

趙州和尚という人は偉い人です。やはり百二十歳まで生きていますからね。だからこの問答があったのは、百を超してからじゃないでしょうか。分かりませんが、私はそう思います。

つまり、そのように与えられた命というものを完全燃焼して生きていく中で、老いていけばいくほど、やはりいろいろな苦しみが伴ってきます。いま話題になっている「終活」もそうです。どう最期を迎えるか、これもなかなか難しいことです。結論から言ってしまえば、その人その人みんな違いますよ。こうだというマニュアルがないのです。その人その人がどのように生きていくか、その人に与えられた命を完全燃焼しないといけないということです。

病気になった人もいるかもしれない。でも、病気になった中で完全燃焼していかなければならない。老いるということも、因縁で老いていくわけです。そして死は必ず来るわけです。生きるということはそういうことです。そして、命をいただいて生きるからには、健康でずっとおれる人もいるけれども、病気にもなる、老いれば衰えも来る。若くして亡くなる人もいるが、必ず最後には、死、これがみんな平等に来るわけです。

正受ということ

こういうものをやはり私たちは、正しく受け取めていける、そういう度量を拵《こしら》えていく。それを正受というわけです。お釈迦さまの説かれた八正道の中の一番最初は、正見です。正しくものを見る。それが大事です。正しくものを見るということほど難しいことはないのです。目の前の現象を正しく見ていく。そのものを色眼鏡をかけずに見ていく。これほど難しいことはない。

私たちは、どうしても自我という色眼鏡をかけるわけです。本来、無我なんです。本来無我なんだけれど、そこに自我という色眼鏡をかける。青い色眼鏡をかけた人には青く見える。赤い色眼鏡をかければ赤く見えるでしょう。だから、色眼鏡を外した無色透明というか、本当の自分の眼ですべてを見ていく。そういう智慧、それが般若の智慧です。本来そういうものを持っておりながら、つい私たちは、そこに知識、分別、自我が入って、物事を正しく見ることができないわけです。

我々は智慧を、本来みな同じように持っているんです。ところがこの智慧というものは、生まれてから大人になるにしたがって、あるいは、だんだん人類が発達するにしたがって、この知識、分別知というものに支配されていくんです。そして般若の智慧は、どんどん奥底に仕舞い込まれていく。

本来、人はみな一人で生まれてくるけれど、人間はどうしても共同体の中で言葉というものを使って行動する。そうすると、例えばキノコを食べて死んだとして、一人だったら、それで終わりですよ。ところが、共同体であるがゆえに、「あの人はあのキノコを食べて死んだ。だからあれを食べたらだめだ」となる。そうすると、みなが食べなくなりますね。これが分別知です。共同生活であるおかげで、その体験をもとに、言葉を使って人に伝えて助かるという、いい面もあります。これがいわゆる知識、分別の世界というものです。これが重なって、人間は、だんだん知識化、分別化されてしまった。したがって、本来持っている般若の智慧というものは、この脳か心のどこか片隅に追いやられています。

私たちが、共同生活をおこなううえで分別知というのは必要ですから、人は誰しもそういうものは持っています。ところが世の中には、とっぴょうしもないことをする人がいますね。それが変人奇人、天才と呼ばれる人々です。そういう人たちは、どうかすると、知識、常識を持っていない。本人は大まじめだけれど、常識離れしたことをするわけです。

全部が全部ではないけれど、分別知ではなく般若の智慧の世界で動いている。

その極端なのが禅僧です。この般若の智慧を持っているがゆえに、分別知を超えた絶対智の世界が分かるのです。それで悟りとかを言うのです。禅僧は変わった和尚ばっかりだとみんなそういうわけですが（笑）、常識を身につけた方もたくさんおられるけれど、だいたい昔から、老師と言われる人たちは本当に変わっていたわけです。般若の智慧でものを判断しているからです。天才と言われる人もその類いなんですよ。知識、分別では判断できないものを持っているのです。

そのよい例が、十数年前の正月に、ある新聞に出ていた記事です。名前は忘れてしまいましたが、ある外国人の絵描きさんがいた。その方が日本に来たので、ある人が東京を案内して、東京タワーに連れて行きました。これが東京の情景ですと言って、三百六十度ぐるっと見せた。その絵描きさんは熱心に見ていたそうです。それから何日かして、「素晴らしいものを見せていただいて、ありがとうございました。そのお礼に、ぜひ、私に東京の情景を描かせてください」と言って来た。そうですかと楽しみに待っていたら、絵が届いた。開けてみたら、なんとその時の情景がまったくそのままに描かれていたそうです。

どうしてそんなことができるのか。一度見ただけですよ。それはいったい何が描かせたかというと、それが般若の智慧です。分別知は分別するわけですから、物事を分けて知る。一つのものを扱うにはいいけれど、他のものを全部一遍に扱うことはできない。一つのために、他の残りは忘却しないといけないわけです。ところが般若の智慧は、そういう配慮分別がない、見たことすべてを全体的に把握し理解して記憶する。

天才的な人はまだそういうものをしっかりと保持している。我々は逆に賢明になりすぎて、その般若の智慧をどこか脳の奥底に仕舞い込んでいる、と書いてありました。だから普段は出てこないわけです。時に、天才的な宗教者とか、たとえば白隠禅師などはその最たるものでしょうが、そういう方が現れるわけです。同じ宗教者でも、天才的な人とそうでない人もいるわけです。実際、本当にすごい方がおられます。

正しく見る正見の世界は、般若の智慧でものを見ていかないといけない。しかし、私たちは分別知で見てしまうから、どうしても自我が入ってしまう。そうなると、やはりすべては苦しみです。苦しみになってくるということです。正見でものを見て、そのありのままの姿をそのままに受けとめる。八正道の中の一つです。正しくものを見て、正しく受けとめる。それが正受ですね。

生老病死の世界、これは自分の人生においていろいろありますが、そういうことを本当に純粋な心、即ち仏の心、般若の智慧で見て、そのままに受けとめていけば、何の苦しみもない。ところがお釈迦さまが人生は苦だと言われるのは、我々はそこに我見というものが入るから、苦しみになるということですね。

この正しくものを見て、正しく受け入れるということ、その一番のよい例は、有名な良寛さんの言葉です。ご存知の通り、「災難に遭う時は災難に遭うがよろしく候。病む時は病むがよろしく候、死ぬる時は死ぬがよろしく候」と。これを聞いて、なんと不人情なことを言うのだ、という人がいて当たり前です。

じつはこの話の前段に、良寛さんがある娘子を訪ねて行くんです。当時の新潟三条の大地震で、両親はじめ皆が亡くなって娘子だけが遺《のこ》るのです。そして良寛さんは娘に、大変だったたな、辛いやろうな。お父さんもお母さんも、みんなも亡くなって、おまえさんだけ残されて。こんな辛いことは世の中にないなと言って、人情の世界でお見舞いをするのです。それがないとだめなんです。だけど、それだけでは本当の禅者ではないわけです。そんなことは誰でも言います。行って悔やんでお見舞いして、誰でも言います。

しかし良寛さんは、そうお見舞いしてから、「でもな」と、「じつは、こうだよ」と真理を説くわけです。それがこの言葉です。これは真理ですよ。これがないと禅者とは言えない。確かにおまえは辛いだろうけれど、災難に遭った時は、そのまま災難を受けとめるしかないじゃないか、ということです。今更おまえはどうするんだ、この現実をそのまま受けとめなさいよ、と。いずれ病気にもなるだろうし、いずれ死ぬんだよ。両親も死んだだろう。死んだ者を返せといくら言っても、帰って来ない。死ぬ時は死ぬがよろしく候、お父さんお母さんはそういう因縁の中で死んでいったんじゃないか。それを正しく、おまえさんは受けとめなさい。あんた自身もいずれは死んでいくんだよ、と。

この、真理の世界の言葉がないと、宗教者、仏教者ではない、ということです。だから、こういう真理の世界で、正しい道を伝えていくということが、我々僧侶に課せられたものであるわけですが、案外に、感情論、人情論で終わってしまう。どうしてもそうなってしまうんです。

良寛さんのようなことは言えませんよ、現実に困っている人に。東北の大震災の時に、中途半端に「あんたなあ、災難に遭う時は災難に遭うがよろしく候」なんて言ったら、嫌われ、おこられてしまいます。それだけに、言う側にしっかりとしたものがないと言えないということです。真理に徹していないといけないわけです。

Ⅲ　死について

死をどう迎えるか

一休さんの話から始めます。一休さんは変わった人です。ですが、一休さんが変わっているのは当たり前です。般若の智慧の世界で動いているから。それがみんなから、一休さんは風狂だと言われる。じつは風狂でもなんでもない。般若の智慧の世界で、当たり前のことをやっているだけです。それを常識の世界から見るから、風狂と言われるだけです。

そのいい例が、正月の骸骨の話です。正月のめでたい時に、骸骨を竿の先につるして、「ご用心、ご用心」と言って京の町を回ったというんです。みんなそれを見て、正月から骸骨なんて縁起でもないと、悪口を言った。けれど真理を説くためには、あえてみんながうきうきしたこの時に言わなかったら意味がないわけです。正月でみんなが浮き足だったこういう時に、「おまえさんたちな、浮き足だってばかりではいかんぞ。人生というものは、こうだよ」と、「ご用心、ご用心」と言って、みんなに注意を喚起したのです。それを風狂の世界だとみんなは言うわけです。だけど真理を説くということは、こういうことです。

こういう死というものを、お年寄りの方だけではなく、若い時からそれなりに準備しておかなければならないということです。今は物質的な面では、お年寄りの方々は財産をどうするとか、子供たちもいるから、いかに分配していくかとか、そういうことがあります。それから知識的な面としては、やはり自分の一生の思い出とかを書き残しておく。口伝えでは消えてしまうから、幸い現代はコンピュータというものを駆使して書き残しておくことができる。そうすると、何か役には立つわけです、子孫にとって。学問の世界なら、学者先生は自分の論文とか、研究資料とかそういったものを残されますね。それが後に続く人たちの役に立つわけです。やはり、その人の体験ですね。この体験ということが一番大切だと思います。

身体的な面で言うと、やはり健康状態です。歳をとると、それなりにいろんな病気が出て来る。そういうものを自分で健康管理していく。自分自身の問題だと思います。自分でできない場合は、人様に頼らざるをえないですけど、そういう時は大いに頼ったらいいと、そう私は思います。一生尽くしてきたんだから、もちろん子供たちに迷惑をかけたくないとか、そういう気持ちはよくわかりますが、自分でどうしようもなかったら、子供に迷惑

死して
何處へ行く

かけようが、しかたないと思います。もちろん一概には言えませんけれどもね。

そして最後に宗教的な面ですが、これが大切です。自分の確乎たる信仰の世界というものを持っているかどうか。ところが現代の人は、それを知らない。それが一番不安の元です。しっかりとしたものを持っておれば、後はもうお任せなんです。人間は誰でも仏心を持っています。ところが、そういう最後の死に目の時に、確乎たる信仰、信心というものを持っていないがゆえに、不安になってくる。ああでもない、こうでもない、と思うわけです。

そして、死というものを迎えていく。死を迎えるといっても、これはまた人それぞれ違いますが、私が思いますのは、死んだら自分の意思では何もできない。ですから、すべてを任せてしまうということです。それは最後に、因縁の法に従っていくということです。生きている間は、ある時は因縁の法に逆らったかも分かりませんが、最後の死の時だけは、因縁の法に順応して、すべてを任せて死んでいく。確乎たる信仰心、信心というものを持っていなければいけないということです。

そして、見送る側も、いろいろと世話になった、そういう人たちが集まってこられるのですから、もちろん費用の面で家族葬もいいのですが、訃報を聞いて後になって来る方もおられるわけです。こういうことは結構あります。だから、葬送の仕方はいろいろあるけれど、そういう方々に来ていただき、線香の一本も立ててもらえば、供養になります。最近はどうも合理化が先走ります。合理化するということは、供養する場がなくなるということです。この世で素晴らしいことは供養です。供養ということは大切なんですね。

ある高僧が、「もうそろそろ最期やな」と、こう言った。すると、お弟子たちが「和尚さん、今亡くなってもらったら、みんな困りますよ」と。「じゃあどうしたらいいんだ」、「みんな最期のお別れをしたいと思います」と。「そんなにみんなお別れがしたいのか。じゃあもう一週間延ばすわ」と（笑）。のんきなことで、もう一週間延ばすから、その間にみんな会いに来たらよい。ただし、ただ来るだけじゃいかん。来た人におもてなしをしないと。お師匠さんのお言葉だから、残された弟子たちは、来られた方々に供養、饗応をするわけです。みんなお別れに来て、よばれて食べて挨拶して帰るのです。お師匠さんはそれを見て喜ばれて、「よく来たな、これを食べて行けよ」と。そうやって最期のお別れをした。それで、「もう良いか」と弟子に聞いたら、「だいたいもうみんな来て、みんな満足して帰りました」と。「それじゃあ、わしは明日、死ぬわい」と言って、次の日死んだ、と。

これは、私は素晴らしいことだと思います。死のお別れに「もう来なくてもいいじゃないか」ということではないんですよ。一生の出会いの中での最期の出会いだ。そして、ただ来るだけじゃいけないから、供養してあげなさいと。このしきたりは、私見ですけど、後世お通夜に残されていると思います。本当は生きている間に来てお別れをしないといけないと思うけれど、この和尚は一週間死ぬのを延ばして供養したわけですが、普通はいつ死ぬか分からないのです。

お通夜で、まあ、よう来てくださった、最期だからと。残った者で、親しい者だけでも、美味しいものをご馳走になって、亡くなった人を偲んで、いろんな話をして、最期のお別れをする。今生のお別れができるのは、お通夜の時だけです。明日はもう野辺の送りで旅立って行く。だから、ゆっくりと供養のために飲んでご馳走を食べて、そして帰ってくださいい。

こういう慣習はやはり残さないといけないですね。もういいわ、いい加減でいいわ、ではだめなんです。家族葬もいいですよ、いいですけど、もっと縁のある人に来ていただいて、お通夜をする。とくにこの頃は、昼間はみんな忙しいけれど、お通夜は夜だから仕事も終わって来やすい。そういう意味で、お通夜は大切です。

私は古来からの伝統が、これを供養斎と言いますが、これがお通夜に変化して行ったのではないかと思っています。よい習慣だと思っています。

それから、つい私たちは亡くなった方たちを、「うちの爺さんは、根性悪かったけど、死に際も悪かったたな」というように、愚癡が出るわけです。こういうことは絶対に言ってはいけません。なぜかというと、私たちは生きることの尊厳を説くでしょう。生の尊厳を説くわけですが、生と死とは一如ですよ。別個ではない。だから、生の尊厳ということは、即、死の尊厳になります。これはあまり誰も言わないですが、死の尊さということですね。

これはやはり我々は忘れてはいけない。死というものがいかに尊いか。その最期の姿をあれこれと批判するのは、生きている時にその人の人格を傷つけるのと全く同じです。死の尊厳というものを、やはり我々は忘れてはならない。そういうものがあるがゆえに、やはりその人に対する畏敬の念というものを忘れないようにして、お参りすることですね。そして、良いことは言っても、悪いことは絶対に口にしてはいけないということです。

死というものに対しては、誰しも畏れを持っていると思います。若い時は死というものをあまり考えないかもしれませんが、だんだん老人になると、死というものを考えてくるんです。信仰心というものは、歳をとることで現れてくるわけで、若い時に不信仰的に振る舞っていたような人でも、だんだん歳がいってくると、「私も歳をとったんですかね。お寺に来るようになりました」とか言います。それでいいわけです。全く信仰心のない人は、歳をとっても来ない。これは無神論者です。全く不必要です。でも私は思うんですが、無神論者の人たちは死に対して畏れはないのだろうかと。たとえば鉄砲を突きつけられて、「どうだ」と言われた時に、一人で立ち向かって「撃てるもんなら撃ってみろ」とは言えませんよ。そうではないですか。

あえて極論を言いましたが、たとえ無神論者であっても、そうでなくとも、人には心のどこかに死への畏れがある。これが本当の心持ちですね。それと自分の罪業、自分ほど罪深いものはいないということ。これが宗教というものの元であると、私は思います。

自灯明、法灯明

無文老師がよくおっしゃっていたことですが、お釈迦さまは死ということについては説いておられない。つまり生きること、これに力を注がれたと。人間がどのようにして生きていくか、それが大事だと。私もそうだと思います。生に連続したものが死でありますから、趙州和尚の話ではないけれども、精一杯完全燃焼していれば、自ずから死というものにいたるということです。

お釈迦さまは、いかに生きていくかということを説かれた素晴らしいお方だったと思います。ある人が、「お釈迦さま、死んでからはどうなりますか」と聞くと、「死んでみないと分かりません」と答えた。分からないものは分からない。そこがお釈迦さまの偉いところです。とかく偉い人は、分からなくても格好をつけて、死とはこういうものですよと、つい言いたがる。お釈迦さまは、死は分からない、そんな分からない死のことを考えるよりも、今どう生きるか、そのことを考えよ。このように言われた。その方が大切だよ。分からない先の死を考えるよりか、今どう生きるか。お釈迦さまは生きることばかりを言っておられる、と無文老師がよく言っておられました。私もそうだと思いました。

それでは、お釈迦さまはどうなんですか。死んでからどうなさいますかとお聞きすると、弟子たちがすべてやってくれます。お任せです。そういう世界ですよ。死ぬ時は死ぬがよろしく候です。誰かが死んだら、子供たち、あるいはお弟子の人たちが世話をする。誰もいなければ、現代は福祉が完備していますからね、福祉の人たちが来て、やってくださる。それは残された者たちの仕事だと私は思います。犬や猫じゃないんだから、ほうっておくわけにはいきません。

お釈迦さまは長い一生を送られ、最後の旅を終えられて、涅槃に入られます。そして最後に阿難尊者に、「私はもう疲れた」と。「少し横になって休みたい」と言われました。そこで阿難尊者は寝床を用意するのです。私はいつも、お釈迦さまが「私はもう疲れた。横になりたい」と言われた時に、阿難尊者はどうしただろうかと想像するわけです。布団があるわけでもないですしね。クシナガラの森には、沙羅の樹がいっぱいはえていて、当然、落ち葉がいっぱいあった。そこで、私が阿難尊者だったらこうしただろうと思うのは、落ち葉を集めてきて、クッション代わりにして、その上に三衣の一枚を敷いて、そして「お師匠さま、どうかここへお休みください」と。確乎たる証拠はありません。あくまでも私の想像ですが、多分そうしていたと思います。それでお釈迦さまが、「そうか、ありがたいことだ」と言って横になられて、いよいよ最期になるのです。

その時にお弟子たちが、「私たちは今まで唯一の頼りとして、こうしてお仕えしてきた。お釈迦さまがいよいよお隠れになったら、いったい誰を頼りに生きて行くのですか」と言って尋ねるのです。そうすると、お釈迦さまは、「何も心配することはない。今までずっと私は説いてきただろう。汝自らをよりどころとし、法をよりどころとせよ」と。「汝自

自灯明
法灯明

らを灯火とし、法を灯火として、生きていくがよい。そこに私は永遠に生きている」と。「自灯明《じとうみょう》、法灯明《ほうとうみょう》」の教えを説かれた。

ここで言う「汝自ら」というのは、「仏心」です。「自我」ではないということです。仏心なのですね。それを我々は錯覚して自我と思う。とくに現在は、「私」、「私の人格」、「私の人間性」と、つい言ってしまう。「私」というものはないのです。無我ですよ。人格というものはみんな平等に具わっている。人間みんなに平等にあります。「私」という固定的なものはないのです。そういうことを、つい私たちは忘れて日常生活を送る。「私の人格」と、こう言う。それは、どうしても出ますよ。出ますけど、本当はそういう「私」というものはない。無我なのですが、なかなかそれに徹底していくことができない。

その「汝自らをよりどころとし、法をよりどころとせよ」という教えの中に、私は自由自在に、闊達に生きている人間の姿を見ます。仏心があふれている。このお釈迦さまの言葉、これが本当に分かれば、この世の中は幸せな世界になるということです。しかし、それがなかなか分からない。つい「私が」という我見が出るがゆえに、争いになってしまうということです。

そこで、お釈迦さまがこの尊い教えを示されたがゆえに、代々の禅の高僧方、いや他宗派の高僧方も、やはりこの「自灯明、法灯明」という仏心の目覚めを、何よりも大切にされる。とくに禅の世界ではそれを高唱するわけです。そして一生涯かけて、その仏心に目覚める弟子を作っていく。児孫を残していく、法孫を残していくということが、一番重要なことなのです。

その法が達磨大師によって中国に伝えられました。達磨大師は、その仏心の目覚め、仏心とはいったい何か、お釈迦さまの言われた法とはいったい何か、ということを、有名な「廓然無聖」という言葉で表現されます。それは無文老師の言葉を借りれば、「秋晴れの空のようにカラッとした」ものである。

そして、六祖慧能《えのう》禅師は、そこを「本来《ほんらい》無《む》一物《いちもつ》」と、このように表現されている。本来何もない。何にもないがゆえに、そこからすべてが出てくるという。この宇宙は最初、何もなかった。何もなかったんです。一九八三年以来、一定の支持を集める説がある。それによると、この宇宙は一三八億年前、物質や空間、時間も存在しない「無」に、突然誕生した。「インフレーション」と呼ばれる膨張現象がおこり、さらにビッグバンが起きて光や物質が生みだされた。何もなかったがゆえに、ビッグバンが起きた。そして無数の星ができて大宇宙になったわけです。創造的なものです。何もないがゆえに、じつはその中に創造的なものが含まれている。一切の創造性というものが含まれている。これは大切なことですね。何かあったら、そこにこだわってしまう。何もないがゆえに、自由にいろんなものを作り出していく、ということです。

そして、臨済禅師は、有名な「一無位の真人」と表現された。これはすごく中国的な表現になってきます。「真人」、真の人間。位のない真の人がちゃんといる。それは、この切れば血の出る肉体の中にいて、目から、口から、あるいは耳から、この六根から出たり入ったりしている。さあ、どうだ。出たり入ったりしている、そいつを見届けなさいと、こういうわけです。

それは難しいですよ。なぜかというと、姿形がないわけです。それを見届けよ、という。ほら、口から出たよ、目から出たよ。どうだ、分かったかと、こうやって具体的に示されたわけです。ほら、いま私の話を聞いている、修行僧よ、聞いているあなたが、そうではないのか。こういうことです。

それが盤珪さんになると、もっと分かりやすくなっていくわけです。盤珪さんはこう言っておられる。「わしは、今日はここで話をする。みなの衆は、わしの話を聞きにここに来たのだろう。だから、わしの話が聞こえるのは当たり前だ。聞きに来たんだから」。これはいわば常識の世界ですね。ところが「いまここで、烏がカーカーと鳴いたら、みなの衆の耳に届くだろう。聞くと思わず聞くのではないか。いったい誰が、このお寺に烏の鳴き声を聞きに来たのか」と。「誰も烏の鳴き声を聞きに来ていないだろう。でも、烏がカーカーと鳴いたら、ちゃんと聞こえるではないか。それが仏の心だ、仏心だ」。一無位の真人が聞いているということですね。

　こういうふうに、その時代時代にあった説き方、自分の宗教体験から、いかに分かりやすく説くかということに、苦労されて説かれるのです。いったいどうしたらこれが分かるか、ああだこうだと言って禅僧たちは説かれる。したがって、たくさんの言葉が出て来るわけです。その人その人の因縁によって、対機説法ですから、この人に合うようにどう言ったらいいか。同じようなことを言ったとしても、人が違えば同じように聞きません。みんな一人一人違いますから。だからたくさんの教えというものがあるわけです。

　だから、禅宗の教えは支離滅裂だと批判する人もいます。こちらではいいと言って、あちらではだめだと言うわけですから。でも、それは当たり前ですね。兄弟でもそうでしょう。お父さんが怒る時に、弱気な子には、もっと元気にはっきり言えと。元気すぎる子には、おまえはすこし黙っておれ、と言うでしょう。同じことです。禅宗の教えは支離滅裂だと言うけれど、実際のところ、その真意は何かと言うことです。だから言葉で言うのは、また難しいですね。その真意は如何《いかん》ということを、よく味わっていかなければいけない。言葉尻を追っかけるだけではいかん、ということですね。

「兜率の三関」とは

古人は死について三つの関所を設けています。それが専門的に言えば、いわゆる「兜率《とそつ》の三関」です。中国の兜率和尚が、三つの関所を我々に与えてくれている。これは専門の坊さんに言っていることだけれど、坊さんではない我々、つまりは人類すべてが、この三つの関所を究めておかなければならないということです。

一つは、人間として生まれたからには、自分の本性、つまり本心ですね。平等にして尊厳な人格、憲法で認められている基本的人権、これを仏教では仏性、あるいは自性清浄心と言いますけれど、これをはっきり自覚しておく必要があるということです。とくに現在は民主主義の時代ですから、お互いの人格とか人権というものをやかましく言って大切にして、差別してはいけない、みな平等だと、耳にたこができるほど主張しているわけです。

しかし、本当にこれが分かっているかどうかと言うことです。これは諸行無常とまったく同じことです。諸行無常を本当に分かっているのか、ということとまったく同じことです。

また注意しなくてはいけないのは、さっきも言いました「私」の人格とかというように、「私」が入ったら、これは自我になるわけです。そういうことではなくて、平等なんです。平等の中に、「私」の自我の人格なんかありません。「私」という自我に、基本的人権というのはないのです。みんな平等なのだから。ところが、そういうことを、ついうっかりと主張するわけです。それをやはりお互いに注意しなければならないと思います。

本性というものは、さきほどお話ししたように、「私」がまったく入らない、素っ裸な人間性というものです。これは無文老師がよくおっしゃっていました。「我々はみな、生まれた時に素っ裸で生まれてきたじゃないか」と、「素っ裸で生まれてきた。なのに、私、私とみんな言ってしまうな」と、おっしゃっていました。はっきりとそこに、なぜか知識、分別が入るわけです。そういう素っ裸な人間性というのは、これも無文老師がおっしゃっておられるように、「男でも女でもない、丸くもない三角でもない、父親でもない母親でもない、子供でもない、老いでもない、若くもない、みんな平等だ。しかもみんなが持っているものだ」と。それは姿形がないから、無限に大きくなる。広大無辺ということです。

宇宙いっぱいに拡がっている。だから尊いんです。尊いとはそういうことです。大宇宙いっぱいに広がっている。そういう広大なものであるがゆえに尊いのです。そういうものをお互いに持っているということです。

そういう仏心は姿形がないから、どこにでも満ち満ちているということです。これも私は無文老師から聞いて、よくみなさまにお話をしておりますけれど、本当に分かってもらえたかな、と思うところがあったんです。ところが幸いに、この宇宙に暗黒物質、ブラックマターというのがありまして、これのポイントは姿形がないんですよ。姿形がなくて、今ここにいっぱいあると言うんです。目の前にあるというけれど、姿形がないからどこにあるのか分かりませんよね。だけれども、そこらに辺にいっぱいあるということです。最初聞いたとき私は、すごいことを言うなと思いました。

しかも、姿形がないから、何でもぶち抜くんです。姿形がありましたら、そうはいきません。だけど姿形がないから、何物をもぶち抜いていく。姿形がないから、地球などあっという間にぶち抜いて向こう側へ行くのです。それが暗黒物質だというのです。そして、姿形はないけれど、それはいったいどういうものか、ということを専門家の人たちは検証しなければいけないから、一生懸命やっているようです。今は理論の世界の話です。でも、理論の世界ではそういうものが必ずあるということが言われています。しかもそれが宇宙の創造に関わってくるということでした。

それを聞いた時、「えっ」と思いました。つまり、仏の心を、臨済禅師は「心の法は姿形がなくして十方世界に満ち満ちている」と、こう言っておられる。たった八文字で表現しておられる。「心法無形十方通貫」（心法形無くして十方に通貫す）と。これもすごいなと思います。お釈迦さまはその姿形のない仏の心を最初に悟られた。科学は二十世紀の中頃にやっと発見したわけです。今は発見の段階です。

私はこれを聞いた時に、「なるほどそうか、これで説明しやすくなった」と思いました（笑）。暗黒物質というものは、今話したようなものだ。それは我々の仏心とまったく同じだと、こう言ってみなさんにお話しすれば、案外「そうか、そういうものが実際にあるんだな」と納得されるんですよ。科学の世界で、そういうものがある。仏の心もそういうものだよ、と。

それを栄西禅師は、あの有名な『興禅《こうぜん》護《ご》国論《こくろん》』の冒頭で、「大いなるかな心や。天の高きは極むべからず。しかも心は天の上に出づ。地の厚きは測るべからず。しかも心は地の下に出づ」と。見事に説いている。地の下に出るということは、大地を貫いていく、ということでしょう。暗黒物質と全く同じです。そういうふうに栄西禅師は謳われたのです。そういう本性、自己の本心というものを一人ひとりが自覚するということ、それをこの和尚さんは第一の関門としておられる。これは人類みんなに関わる問題です。坊さんだけではありません。人間として生まれたからには、そういうものがある。悲しいかな、それは脳か心の隅の方へおしやられている。今は退化してしまっているかもしれないが、そういうものを私たちは知らなければならないということです。

そして、第二番目の関所は、この本性、素っ裸な心、自性清浄心と言われるもの、これが分かれば、この生き死にの苦しみ、悩みというものはなくなる、ということです。つまり本心はありのままにものを見ている、自我はない、だから生き死にの苦しみはないということです。本心には姿形はない、何もないわけですから、生き死にの悩みはなくなります。そうすると、いよいよ死ぬ時、あなたはどのように死んでいくか、というのが、これが二番目の関所です。

これは難しい話です。生死の悩みがなくなったら、苦しみはない、という境地が自ずと分かるわけです。ではいったい、死ぬときはどのように死んでいくのか。我々は先ほども言いましたように、死に恐怖感を持っている。しかし生死の苦しみがなくなれば、恐怖感もなくなるわけですから、ではどうやって死んでいくのか。生まれた時は素っ裸で生まれた、素手で生まれたんですから、いったい今度はどうして死んでいくか。それは生の連続です。素っ裸で死んで行けばいいんです。素っ裸で死んでいけるかどうか。迷いなど、おのずからなくなるはずです。少しでも、迷いが加わると、やはり怖いです。

そういうことで、やはり私たちはこの素っ裸な心、人間性というものを、もう一つよく見極めて、そして素っ裸で死んでいけるかどうか、心境を常に錬っておくべきなんです。そうなると、「終活」なんかまったくいらないということです、手早く言えば。みんなそれぞれに我があるから、終活を論じあっているんです。結論から言えば、素っ裸で生まれたんだから、素っ裸で死んで行けばいいということです。

それで三番目です。これが問題です。素っ裸で死んで行く、と。では、素っ裸で死んで行くなら、どこへ行くんですか、と。これが三番目の関所です。

いったい死んでどこへ行くんですか、と。地獄へ堕ちますか？　地獄へは堕ちたくないですね。では極楽へ行きますか？　極楽へ行くのはいいですよ。阿弥陀さまがお迎えになってくれるでしょう。本当に阿弥陀さまは迎えてくれるのかな。はなはだ疑問ですね。そんなことを言うと、元も子もないですけど（笑）。

やはり人情論として、死ぬ時やお葬式の時に、「南無阿弥陀仏」と阿弥陀さんを唱えます。今の現実世界から西方極楽浄土へ迎えてもらうために。そうしないと、やはり我々は安心を得られないです。これは大切なことです。本来は何もないんだけど、そういう一つの方便です。これは因縁の法です。

ところが、趙州和尚の話ですが、おそらく当時の役人がやって来て聞いているんです。「さぞかしご修行も長いから、みんなのためにいろんなよいこともやっておられるから、阿弥陀さんがお迎えになられて極楽浄土へ行かれるでしょうね」という意を込めて、「死んでから浄土へ行かれますか」と聞いているのです。

そうしたら、さっきの達磨さんと同じです。趙州和尚は、「違う。わしはそんな極楽なんかへ行かない。わしは地獄へ堕ちる」と、こう言った。「和尚さん、あなたのような修行をされた方が、何で地獄へ堕ちますか」。誰でもそう思いますね。「我々凡夫が堕ちるのだったら分かるけれど、何で和尚さんが地獄へ堕ちますか」と。すると、「そうだよ。地獄へ堕ちなかったら、おまえと会えんじゃないか」と（笑）。このように、仏の慈悲があるのです。和尚の慈悲があるわけです。「おまえと一緒に、どれほど苦労して来たか。おまえは永遠に悩むだろう。仕方ない、わしも地獄へ堕ちるよ」と、こういうことです。

兜率之三関

普通、常識的な世界なら到底言えませんよ。趙州和尚、素っ裸な心境なるがゆえに、自由自在です。「おまえと一緒に地獄にも行くよ、どうだい、一緒に行かんかい」。これだけ言える度量と言うか、とらわれのない心というか、そういうことを、素っ裸な人間性というものが分かった人は言えるわけです。これは私たち凡夫には言えませんよ。とてもじゃないけれど、知識分別があったら、これは言えない、ということです。そういう自由な心が、じつは我々の持っている平等にして尊厳な人格である。これをなかなかみんな分からない。やはり自我がある。それでは尊厳とは言えない、ということです。

生死をこえて生きる

このようにして禅僧たちは、生死にとらわれない自由奔放な生き方をされた。もちろん、生きているうちからそうだったから、死んでからもそうであるということですね。ですから、いろんなことが問答として残っています。

たとえば、潙山《いざん》和尚はこういうことを言っています。「わしもいつかは死んで行く。いよいよ目を閉じる時が来た。わしは、この山の麓の檀家の家の水牯牛になって生まれてくるよ」と。水牯牛というのは水牛ですね。そして、「その腹には『潙山の某』と印が押してある。それをおまえたちは、潙山某と呼べばやはり水牯牛であり、水牯牛と呼べばやはり潙山某である。いったい何と呼べばいいか」と。そういう何とも難しい問題を出すわけです。これを異類中行《いるいちゅうぎょう》といいます。つまり、人間以外の生き物として生まれて、そしてみんなのために、人類のために尽くして生きていく、ということです。これが当時の中国で流行った考えです。

またこういう面白い話もあります。案外、次のような話はお互いに通じ合うのではないですかね。ある高僧は、体の悪い病弱な和尚さんだったのですが、私の行く道は青い空の彼方だ、と。白い雲がいたるところに静かに浮かんでいる。あの世、次の世には実というもののない大きな樹がある。なぜならば、黄色い葉っぱ、紅葉した葉っぱを風が吹いては返す、という歌を詠っております。これは一つの詩的表現で、我々によく分かる世界です。

この中にロマンがあるんです。大切なことですよ。人はみな恐怖心ばかり持っているけれど、禅者たちはロマンを詠うわけです。こういう世界だよ、と。阿弥陀さんもそうですね。阿弥陀さんも一つのロマンです。阿弥陀さんがお迎えくださる、こういう世界があったら、たぶん我々は納得できる。でも禅僧は、そんな抹香臭いことは言わない。死への情景を詠い、ロマンを持って、わしはこういうところへ行きたい、と。生の連続ですよ。そう高僧は言ったということです。

もう一人の和尚はこういうことを言っています。いよいよご臨終間近になって来た。その時に、何か一言おっしゃってくださいと言ったら、何を言っとる。おまえと私と、こうして無言でおることが一番素晴らしいことじゃないか。いよいよ、死ぬ時刻になった、これでお別れだと。さあ、これで私の七十七の人生は終わりだ。その方は七十七歳で亡くなったんですね。みんなとお別れする時がきた、と言うんです。ゆったりと死を迎えています。そして、太陽が頭の上に来たと。太陽が頭の上に来る時というのは、影がないんです。だから、そのものずばりです。朝方は影がある。人間、影があってはいけない。死ぬときは、そのものずばりです、影がない。「ちょうど太陽も頭の上に来たから、後は、わしは両手で膝をこうして折るだけじゃ」と言って、死に切った。自分で棺桶に入った、と。そこまで用意周到に死んでいった名僧もおります。死ぬときは死ぬだけである。

先日、石垣島の空港を作るとき、二万七千年前の人骨が洞窟から出たという記事を読みました。当時は風葬だったということです。しかもこの和尚さんのように、両手で膝を折った姿で発掘された。昔はそのようにして人々を送ったのでしょう。

今いいことばかり言ったでしょう。今度は一つ悪いことを言います。こういう和尚さんもいます。ある和尚が、病になっていよいよ亡くなるときが来た。ある人が見舞いに行った。「和尚さん、承ります。和尚さんは四大不調で大変お苦しみのようでありますが、いかがでございますか。少しは和らぎましたか」と、こういう失礼な質問をした。そうしたら和尚はどう答えたか。「こうなったら、痛がらなくてどうするのか」と。「痛い、痛い」を連発した。そして、「昔の人はこう言っている。願わくば、この世ですべての負債を返し、あの世で悪道の報いを受けまい」と、こういって死んでいった。

すごいじゃないですか。痛い、痛い、痛いんだよ、と。でも普通はなかなか素直に、痛い、痛いと言えません。やはり子供が見舞いに来て、「お父さん、痛いかい」と言って、「痛いな」と言う人もいるかもしれないけれど、あんまり心配かけちゃいけないから、「まあ、痛いけど、まあまあだ」とかですね。でもこの和尚は、「痛い、痛い」と。「この病気を痛がらないでどうするんだ、痛い、痛い」と、こうやって死んでいったというんです。

こういう思想を受けて、仙崖さんは、亡くなる前にある弟子が「いかがでございますか」と聞くと、「死にたくない、死にたくない」と言った。すると弟子が、「悟りを開いた和尚さんがそんなことを言ったら、みっともないじゃないですか」と言ったら、「本当に、本当に」と言ったといいます。本当に、本当に、まったくそんなもんですね。

一つの流れです。さきほどの「痛いんだよ」というのと同じことで、「死にたくない、死にたくない」というのは、仙崖さんにとっては本音です。要は、その素っ裸な心を私たちは見ていかなければならないということです。それは多種多様です。死に方というのはたくさんあります。みんな一人ひとり尊い死を迎えるのです。

そうですね。私が何と言って死ぬかは、死ぬ時に言いますよ（笑）。その時に枕元に、「どうですか、一言」と、マイクを持ってこないといけませんよ、今日のように（笑）。

「死」と出会う

普通は霊的な世界というものはないと思っているでしょう。私もないと思っているけれど、どうでしょうね。じつは三回ほど、そういう世界を垣間見ました。直接体験したといいますか。生き返ってきたんです。もちろん、死んでいないから生き返ってくるのであって、完全に死んでいたら、生き返りませんよ。臨死体験という言葉があるけれど、つまりそういう死に近いところまで行って生き返ってきた人と話をしました。だから、油断ならないですよ。三回ほどあるのですが、それが続きました。本当に不思議に思いました。

まず一人は私がよく知っている人で、その人はガンでした。名古屋の人でした。危篤状態だというので、お見舞いに行ったのです。そして集中治療室へ行った。もう言葉も通じないし、何を言っても分からない。うんともすんとも言わない。仏さんと同様です。医者の先生も、昏睡状態で、あと一日二日のいのちだと、そういうことを言う。無言でただ回復を祈って帰ってきて何日かすると、奥さんから電話が掛かってきて、「主人が生き返りました」。「主人が意識が戻って、開口一番に『秀南老師がお見舞いに来てくれたな』と、こう言うんです」と、電話で私に話される。本当ですかと言うと、本当です、と。開口一番、お見舞いに来てくれた、と言ったと。奥さんもよろこんで話される。本人は意識があってよく分かってたんですね。

次が、大津の人ですが、名古屋のことから一ヶ月くらい後でしたか、危篤だと奥さんから電話が掛かってきて、「もうこれで終わりです。ですから、ぜひとも」と。治療はすべてやりました。頼るのはもう私しかいないというので、「そうですか。私が行ったからといってどうこうなることはないけれども、お見舞いに行かせてください」ということで出掛けました。いわゆる死に際の別れです。前回と同じく無言で祈願して帰って来ました。

翌日に、また生き返ったと。奥さんいわく、「主人が意識を取り戻したら、真っ先に『お坊さんらしき人が目の前に立っていた』」と、そうおっしゃる。名古屋の時もそうですが、無事を祈願しただけです。身内の人でしたら、「長生きしてよ、頑張ってよ」と、涙を流して祈ります。坊さんのお見舞いですからね。ただ無心になって、相い向かって相手の心の中に入りました。無言です。

もう一人の方も、その後すぐに電話が掛かってきた。その時に、よくこれだけ続くなと思いました。また出掛けて、その時の情景はよく覚えておりますが、いずれも似たような重病で危篤でした。お見舞いして帰って来た。すると、また助かったと。私はそれで自信を持ちましたね。助かったわけですよ、三人とも。その時も、奥さんから電話が掛かってきて、具体的な説明はなかったんですが、ぜひともお礼にうかがわせてください、ということで寺へ来られました。「あんた、よく助かったね」と言ったら、「いやあ、おかげさまで。よくお越しいただきました」と。もちろん、その後、三人とも長生きはしてません。いずれ亡くなってはいくのですが、その時は、三人とも助かったのです。

私はその時以来、言葉にはよく注意するようにと申しています。みなさんが、集中治療室に行って話をしますと言うけれども、「みなさん、私にはこういう実例があるから、絶対その人の悪口を言ったらいけませんよ」と言っています。「病人は聞いているよ」と。それを聞いたことで、ショックで余計に死が早まるぞと（笑）。そう言ってみんなに注意しています。さっきも言いましたが、案外みなさん、枕元で言いますね。もちろんいいことを言う人もおりますけど、つい愚痴を言います。悪口じゃないけれど愚痴は言いますが、それは絶対言ったらだめです。ちゃんと聞いてます。私の体験からそういうことを言っています。生死をさまよっている時でもはっきりしているのです。なるほどなと思っています。

いろいろな死に関して、具体的に私の身近な方々の死というものについてお話しさせていただきます。私に弟がいたということは前にお話ししたとおりです。その弟の死と、私の両親の死、そして先師無文老師の死。それはその人その人との出会いであって、目には見えない神秘的な世界です。本当に夢にも思っていなかったようなことなんです。

私には弟がいました。二つ下の弟がおりました。なにかの病気にかかって、数えで三つの時、私が数えで五つの時に、亡くなりました。それで、弟が死んだんだなと一番強烈に思ったのが、お骨拾いですね。お骨拾いで、真っ白になって弟が出て来た。それを見た時、言葉に詰まりました。今まで仲よく一緒にいた弟が、骨だけになって、真っ白になって出て来た。それが五つの時です。すごいショックでした。

それでおふくろが、「これが弟の亡骸だよ。お骨を拾って入れようね」と。一緒に入れないといけないんだ、と教えてくれましてね。「私は箸でこちらの骨を、あなたは骨の反対側を箸で持って骨壺へ入れるのよ」と、おふくろが教えてくれて、二人で各々に箸を持って、一片のお骨を拾って骨壺に入れたんです。その時に、「ああ、死とはこういうものか」と思いました。それがあったから余計に、自分もああなるんだな、と中学の病の時に思いました。死というものは恐ろしいなということを、つくづく思いました。

諸行無常の中での死というのは、実際にいろいろありますよ。思い返せば、言うに言われない因縁ですね。理論的に何でこうなるかなんて、そんなことは言えない。そういうことがたくさんあります。それを言い出したら切りがない。だから、死というのは不思議だと思います。

次に、母の死です。母の死は、壮烈というのか、女性はだいたい静かに死んで行くのが多いんですけれど（笑）。その頃、私は無文老師の侍衣をしておりまして、その日は、お伴をして岐阜へ行っていて京都にはいなかった。老師が岐阜でお話をされていたんです。

その講話の途中に私に「じつはあなたのお母さんが危ない」と、病院から電話が掛かってきました。病院の先生がとても親切な方で、私の事情もよく知っておられたから、連絡してくださいました。

ところが老師が講演中だったので、だまって帰るわけにもいかない。終わってから老師に事情を話して、それで岐阜から帰ってきました。京都駅に着いたら、夕立が来たのです。これは早く病院へ行かないといけないと思って、タクシーに乗って出発したら、なんと雷も鳴り出して、これは大変だと。おふくろの死に際に、何でまたこんなことが起こるのかな、と思いました。

車の渋滞もあって、気ばかりあせって、それでも何とか着きました。着いたら、おふくろはもう既に息を引き取っていました。母の最期に間に合わなくて、残念だなと思いました。本当に、死に顔はとても穏やかな顔をしていました。女性の死というのは、静かに死んで行くものかと思ってましたけど、なんのことはない、稲光と雷鳴がとどろく中で、死んで行きました。だから、女性といっても案外油断ならんなと、そういうことを思いました。まあ、すべて因縁ですね。無文老師のときもそうでしたが、因縁というものを大切にしたいわけです。

おふくろは、自分で自分の病気が心配だったんでしょうね。明らかにガンでした。ガンということは、私は分かっていましたけど、いちいち言わなかったんです。なぜかというと、和尚、つまり夫ということですが、母にとって和尚の言うことが一番大切で、何よりも信頼していましたから。また、師匠としても信じていましたからね。

おふくろが、あるとき「和尚さん、おなかの上のところに玉のようなものが出来ました」と言った。そうすると、師匠が何と言ったかというと、「そんなものはな、こうして毎日なでておったら、なくなるわい」と。これも因縁の法ですね。毎朝、こういうふうになでておれと。そうしたら、自然に小さくなるよと。それでおふくろは、それを信じてやっていました。だから私は、くちばしを入れなかった。でも、最後は師匠も、やはり病院に行かないといけないと連れて行ったけれど、その時にはすでに手遅れでした。

だから、師匠も分かっていたと思います。そういう状況になったから、今さらせっつくよりも、自然にまかせろ、まかせろ、と。私もそのように思いました。だから、慌てて病院行けとか、何も言わなかったんでしょうね。なでておったら治るよと。おふくろはそれを信じて、そして死んで行った。お互いに安心を得て、そして逝ったわけです。

師僧を看取る

師匠は、台湾から日本に帰ってきた時には六十歳を過ぎていました。私が小学校の三年生でした。結婚が遅かったんです。そんなことで普通の親子関係とは違っていました。私自身、いつ師匠が死ぬかわからない、不安だなと思いながら、京都の大学へ行って、それから僧堂へ行きました。たまに寺に帰るわけですが、戻る時には名残惜しい思いをしました。次いつ帰って来れるかな、これが最後かなと、いつもそういう思いで、寺を出発しましたよ。次はもう、死んでいるんじゃないかなって。寂しかったですね、本当に。それでも京都なり神戸に戻ってくれば、忙しさにかまけて、ころっと忘れているんですけどね。帰ってくる時の、あの嫌な思い。ああ、これが最後かと。

おかげさまで、九十一歳まで長生きしました。ありがたいなと思っております。無文老師が「病気するやつは禅僧じゃない」と豪語しておられた理由は言いましたでしょう。師匠はそこまでは言わなかったけど、「自分のからだのことがわからんやつは禅僧じゃない」と言ってましたね。みんなそれぞれ自信を持ってるから、かないません（笑）。

だから、お医者さん自体にかかったことがない。さすがに、目が悪いときは病院に行きましたけれど、風邪なんかは自分で治してましたね。下痢をした時は、普通ならお粥や柔らかいものを食べますけれど、「赤飯、炊きなさい」なんて（笑）。もうこれでいよいよ終わりだ、お祝いの赤飯を炊けというわけです。つまり、悪は悪をもって制するんですよ。その論法です。

それで、怪我なんかすると、今はもう無いですけれど、当時は赤チンが一般的でした。赤チンで治療しようとすると、「そんなものはいらん」と怒って。「唾が一番いいんだ」って。また、神経痛が出てきた時は、金槌を持って来て、こんこんこんこんと痛いところを叩いている。「そんなにまでして、山仕事になんか行かなくていいじゃないか」と言うと、「何を言っとる、こういう時こそ山へ行かないといけないんだ」と、行ってました。そういう人でした。

このように自分の健康というものを保持していったんですね。だから、お医者さんには絶対行かなかったし、自分のからだのことは自分が一番分かってる、どこが悪いかということを一番知っているのは自分だと。お医者さんには分からない。お医者さんは人の話を聞いて処置するだけだと言っておりました。そのようにして、長生きをしました。

そして、お互いに坊さんだったから、これもありがたかったですね。晩年、私は無文老師の侍衣をさせてもらっていたので、滅多に郷里にも帰れなかったんですけれど、やはり最期のことは話しておかなければいけないと思って、「和尚さん、こういう理由で、死んだときにすぐには帰って来れない。それは知っておいてもらいたい。その時は帰れなくても、お寺での本葬には必ず帰って来て、手を合わせるから」と言ったら、「分かっとる。そんなことは、よく分かっとる。わしは勝手に死んで行く」と、はっきり言いましたね。わしは勝手に死んで行くから、おまえは心配するなと。そこで師匠のことを京都の懇意の先生に頼んで、先生の病院に入院させてもらっていました。

そうしたら案の定、ある晩、先生から電話がかかってきた。「どうも和尚さんが危ない。今夜あたりかもしれない」と。「あんたには、知らせるだけ知らせておかないと、これも私の務めだから」と。私はそこで、「ありがとうございます。ただ、師匠は勝手に死んでいくと言いました。だから、亡くなったら亡くなったで、すぐに処置してください。私は今晩は帰れません」。もう夜ですから老師は休んでおられます。今から起こすわけにはいかない。「ただし、明日の朝、老師の許可を得て帰ります」と。「そうですか。あなたがそうおっしゃるなら、それなりの処置はします」と。それで私も安心して休んで、翌朝、老師にお断りしてからすぐに帰りました。

その時は三重県にいたので結構かかりました。十一時くらいに病院に着いたんです。「和尚、帰って来たよ」と言ったら、「ふん、ふん」って。間に合いました。それでよかったなと思って、先生のところへ行って、「おかげさまで、命がある間に帰って来れました。ありがとうございました」とお礼を言っていたら、付き添いのおばさんが来て、「和尚さんが呼んでいる」と。それで戻ったら、何も言わずに黙っている。やはり寂しかったんでしょうかね。そのままそばにいて、昼ご飯を食べて、相変わらず、そのままの状態でまったく動かないで、何も言わない。和尚も動かないし、私も動かない。

三時近くでしたか、私は朝早く起きて急いで病院へ来たので眠たくなって（笑）。もう最期だろうなとも思い、居眠りしてその間に亡くなったら一生の失策だと思いながら、それでも眠たいなと。和尚は向こう側を向いて寝ていました。そこで、左手で和尚の左手を握って、右手で肩のところをさすっていたんです。そうすると、病人というのは肩で呼吸をしていますが、私の手が居眠りで止まる以前に、向こうの肩がだんだん小さくなっていった。ついにそのまま動かなくなった。あれっと思って。これは亡くなったと思いました。急いで先生を呼んで聴診器を当ててもらったら、「ご臨終です」と。先生いわく、「どうされますか。お別れに誰かを呼ばれるならば、人工呼吸をして息を吹き返せますよ」と、こう言われました。「いいえ、もういいです。九十一歳まで生きて死んでいったのに、今さら起きろとか、無理なことを言う必要はありません」。「私がさすっていて逝ったので、もう満足です」と言ったら、「そうですか。じゃあ、もう何もしません」。こういう次第で、私は文字通り看取りました。顔は向こうを向いていましたけど、背中をさすっているのに合わせて逝きました。

葬式が終わって、もう一つエピソードがあります。看取りの後、私も一人ですから、付いていてくれたおばさんに、「葬式が終わるまで付き添ってくれませんか」と言ったら、「はい」と、親切な方だからついてきてくれた。ありがたかったですね。それですべて終わって、私もこれで京都へ帰ろうかと思っていたら、そのおばさんが、「すみません、謝らなければならないことがあるんです」と。

びっくりして、「和尚の世話を見ていただいて、私のほうがお礼を言わなければいけないのに、どうしてあなたが謝らなければならないんですか」と言ったら、「じつは和尚さんは、亡くなる三日前のちょうど三時頃、おやつを食べられている時に、『わしは、あと三日したら死ぬで』と言われました」と。それでおばさんは、「和尚さん、なにをそんな冗談を言っているんですか」と言って笑った、というんです。

ところがよく考えたら、たしかに三日後、三時に息を引き取ったわけです。おばさんは、「三日前に、私があなたにこういうことを和尚さんが言ってますよ、と電話でも一言言えば、あなたもそれなりの心の準備をしたでしょうに。それを私は言わなかったから、ずっと胸につかえていたんです」と。それで謝ったわけです。私は「ありがとうございます。よく言ってくださった。それを聞いて私は、和尚さんのことで自信を持ちました」と言いました。

いつも「自分のからだのことが分からんやつは禅僧じゃない」と言っていたけれど、さすがすべて分かっていたわけです。自分の死を分かっていた。三日前に時間まで、見えていたわけです。そういうことは全く神秘的で分からんことです。いろんな分からないことがいっぱいあるんです。師匠は、そういう不思議な因縁の中で亡くなっていきました。

「来るものは拒まず、去るものは追わず」――無文老師の遷化

それで今度は無文老師です。そもそも、お一人お一人死に方は違いますけど、やはり病

状がだんだんおかしくなってきたというのは、ついていればだいたい分かります。十二月の初めくらいから食欲がなくなりだした。あれ、おかしいな、と思いました。

老師はいつも妙心寺の開山さまとかお祖師方のことをやかましく言っておられました。あれだけご開山さま、ご開山さま、と言っておられましたから、十二月十二日の開山忌、この日は要注意かなと思っていました。でも、その日は無事に過ぎたので、胸をなで下ろしました。住職されていた霊雲院の勧請開祖さまは十月十日で、創建開祖さまは八月二十四日です。ですから、今度は月命日の二十四日を、内心、注意しなければと思ったわけですね。

そのうちに、本当に食欲がなくなりだしました。それでも、大好きなメロンは食べておられたけれど、亡くなる二日前くらいでしたか、「もういらん」と。それを聞いて、これはいよいよ最期だと覚悟しました。「もう食べん」とご自分でおっしゃるのは、食欲がないからなのか、それとも、ご自分の意思で召し上がらないのか、そこは分かりませんでしたけれど。

二十三日に、祥福寺の河野太通老師が名古屋の法話会に行って、「その帰りに寄るわ」と。すごくいいタイミングだなと思いました。ところが待てど暮らせど、太通老師は来られない。だいぶ遅くなって来られて、「いやあ、大阪まで行っとったんじゃ」と（笑）。それから無文老師の状態を告げて、休みました。翌日の早朝、無文老師のご返事がないと、雲水が知らせに走ってきた。これはいよいよかな、と察知しました。二十四日の朝です。こういう劇的なことがあるんです。二十四日の創建開祖忌かと思っていたら、その通りになったわけです。

師匠も無文老師も、意識は最期まではっきりしていました。だから前も述べた通り、見舞いの人は悪口を言ってはだめですよ（笑）。あるいは、意識がない人もいるかもしれません。しかし分からないですよね、そういうことは、あると思わないといけません。師匠の場合は、私を呼んで来いと言っていたくらいだから、意識ははっきりしていた。何も言うことはないけれど、私がいるかいないかを確認しているわけです。意識はしっかりしているわけですね。無文老師の時も同じでした。師匠を看取っていたので、雰囲気的にも分かった。もうこれは最期だなと思いました。そこに太通老師も来られた。それで「最期ですよ」と。

無文老師は、ご著書にもお書きになっているけれど、先代の清拙老師が亡くなる時に、四弘誓願《しぐせいがん》をお唱えしたということを言っておられた。それを私は知っていましたから、

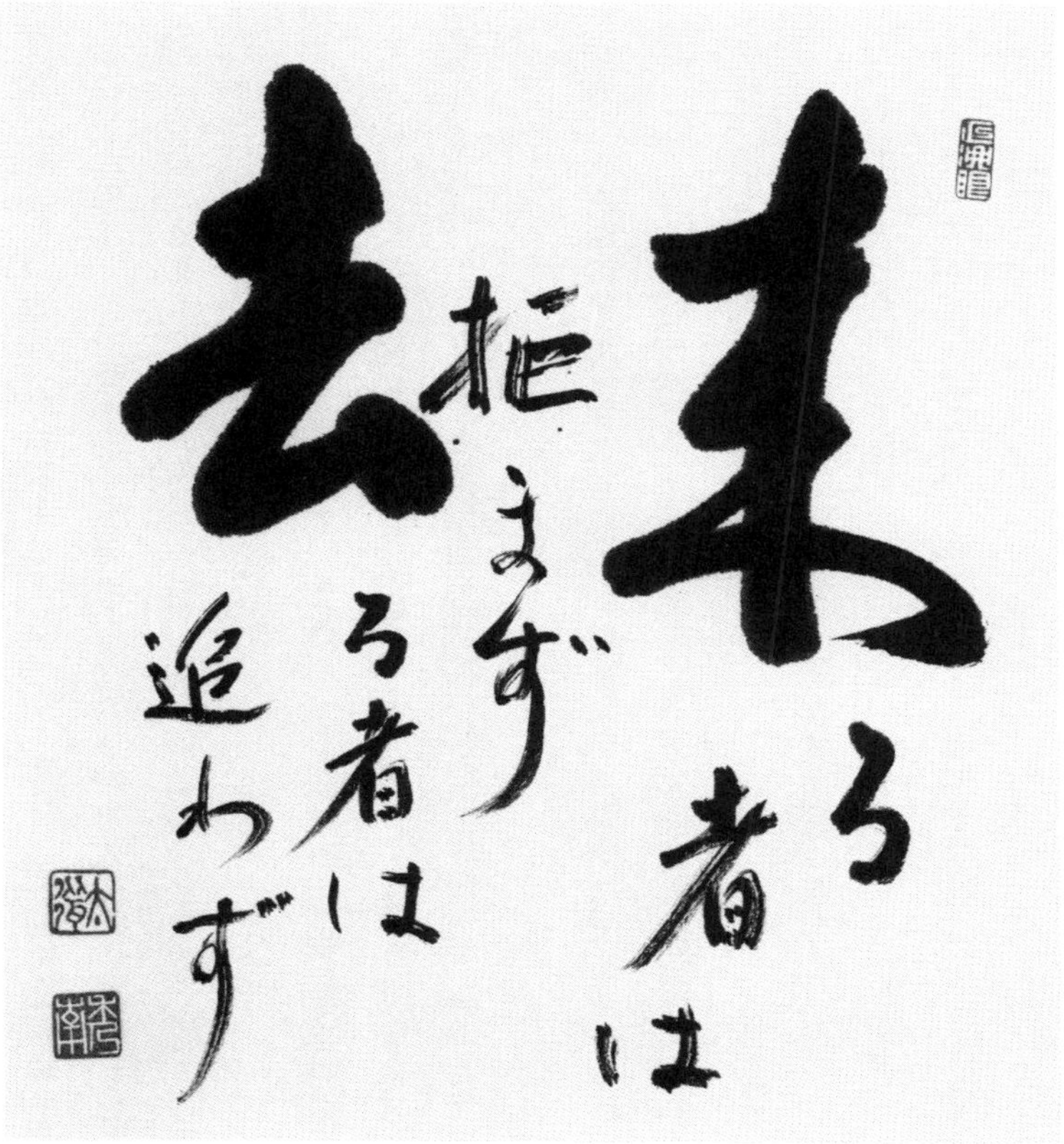
来る者は拒まず
去る者は追わず

「老師の最期です。四弘誓願をお唱えしましょう」と言って。無文老師は向こうを向いていらっしゃったので、背中側から二人で手を合わせて四弘誓願をお唱えしました。そうすると、師匠の最期とまったく同じでしたね。四弘誓願に合わせて、肩で呼吸しているのがだんだん小さくなって、止まっていきました。

ゆっくりお唱えして四回目くらいで、大きな口を開けあくびをなさって、スーッと息が止まった。それで太通老師に「終わりました」と言うと、「そうやなあ」と。これが最期です。「やれやれ疲れたわい」と、生涯を終えられた。禅僧の生涯の大仕事の終わりは、死です。

それから、主治医の先生に知らせないといけない。先生は慌てて来られました。聴診器をあてて、亡くなった時間は、先生が聴診器をあてて確認した時間になります。実際には我々二人がこうして最期を看取った時間です。

湯灌した時、温かかったですね。その後、納棺する時、冬の十二月だったけれども、おからだの下へ手を入れたわけです。その時も温かかったですね。そしていよいよお別れの時に、ある女性の方が、「老師様はお化粧しておられるんですか」と聞きました。「いやいや、老師に化粧なんかしたら、蹴飛ばされますよ。棺桶から起き上がって来て、ぶん殴られますよ」と（笑）。それくらい綺麗なお顔でした。

お葬式一切がすべて終わって、「ああ、何と私は幸せ者だ」と思いました。母親の時は雷が鳴りましたけれど、老師と師匠の場合はもう静かに。弟はどういうふうに死んでいったか分かりませんけれども、三者三様ですね。こういうことを思った時、私ほどこの世の中で幸せ者はいないないと思いました。こんなことはそうはないです。こういうふうに看取ることができるというのは、これすべて因縁ですよ。二十四日というのも、わざわざその日が来るのを待っておったわけではない。自然にそういうふうになっていったわけです。そういう因縁の法というんですか、なんとも言えないということですね。太通老師が大阪から戻ってこられたのも、これも無文老師のお力でしょうね。自然に因縁の中にお互いがあるということです。

誰しも一人一人に、この死というものが来るんです。それで、考えなければならないと思うのは、「来るものは拒まず、去るものは追わず」という言葉がありますね。みなさんもよくご存知の言葉でしょう。

普通これは、会社とか学校、僧堂などもそうですが、来る者は拒まず。たとえば僧堂に入門してくる、仏門に入ろうとする者は、誰であれ拒まない。どうぞお入りくださいと。

また今度は、去る者は追わず。去っていく者を無理に我慢させて、「まあ、居りなさい、居りなさい」と言いたいところだけど、追わない、ということです。よく使われる言葉だと思います。とくに会社とかはそうです。たしかにそういう意味では、大勢の人たちを自由に受け入れられる抱擁力、度量というものは大切ですよ。

じつはこれは、大梅法常《たいばいほうじょう》という禅僧の言葉なんですね。大梅禅師は唐の時代の禅者ですが、この言葉を生涯、使って言っていたという。来る者は拒まず、去る者は追わず、と。ところが禅師は、最期の時にも、この言葉を言って亡くなられた。いったい、これはどういうことでしょうか。意味合いが違って来るのです。「来るものは拒まず」でしょう。いったい何が来るんでしょうか。いのちがなくなるという時に、何がやって来るんでしょうか。死がやって来ることを、拒まずです。今度は「去る者は追わず」です。いったい何が去るんでしょうか。今まで生きていた生が、去るわけです。いつまでも未練がましく、生きたい、生きたいといって追わず、です。この徹底した境地ですね。因縁の法の中に生かされているということを、最期に示されたのです。

普段使っていることと意味が違います。確かにそうです。大梅禅師は元気な生前中、誰でもやって来るのを拒まず、去っていく者は去っていくままにということで、自在に対応していたけれど、最期にこれを言って亡くなっていくのです。ここをしっかり見なければならない。因縁の法の中で、誰もがみな平等に、これを認めていかなければいけない。「来る者は拒まず」、死がいやだとはいえない。「去る者は追わず」、未練がましく生きていたいといわない。こうして禅師は亡くなるわけですが、そうしたら山の中でムササビが鳴いたというんです。ムササビがどうやって鳴くかは知らないけれど、これはいったい何かということです。そういう自然の道理というものがあるということを、ムササビが知っていたというのでしょうか。そこで鳴いたというんです。

今でも田舎では、人が死ぬ時は、烏が鳴くと言いますね。このごろは都会では、しょっちゅう鳴いておりますね（笑）。お寺の裏山で烏が鳴くと、村の人の誰かが死ぬ。本当に死んだのを知っていましたから、私は小さい頃に、不思議だな、どうして烏が人の死を知るんだろうと、一時期思っていたことがありました。村の人は昔から、そう言っていました。自然界の姿というのは、分からないところで分かっているものがおるということですね。ムササビが鳴いたと。こういう一くだりがあるんです。

Ⅳ　安心ということ

いのちを生きる

私のいのち？

いのちについて、私たちは常に「いのちは大切だ」と言います。しかも「そのいのちは私のものだ」と、こう言いますね。これはある意味、常識的なことです。だから、「私のいのち」と。でも、はたして「私のいのち」と言えるかどうか。問題はそこです。この点について一回、何とかメスを入れておかなければいけないのではないかと思います。

とくに現代人は、「私のいのち、私のいのち」と言うでしょう。井泉水《せいせんすい》の詩に、「猿と生まれし猿に餌をやる人と生まれて」という詩があります。猿として生まれてきたお猿さんに、餌をやる人として生まれた、と。この情景は簡単です。私が猿に餌をやっている。ただそれだけの情景ですけれど、この詩をよく味わってみたいです。あの猿に餌をやる人間として私は生まれて来た、餌をもらう猿じゃなくてよかったな、ということです。猿に生まれていたら、ただ餌をもらうだけの存在だ。幸いに私は人間として生まれたから、あのお猿さんに餌をあげることができる。そういう存在としてある。ありがたいことだと、いのちの尊さを感じた詩です。よくぞ人間に生まれて来た、ということですね。

人間に生まれる尊さについては、お釈迦さまの「人間に生まれること難し。死すべきものの命あるは有り難し。正法を耳にすること難し。諸仏の出世に遭うことも、またまた有り難し」という有名な法句経のお言葉で、多くの聖人たちがこれについていろいろ説いておられる。

人間として生まれることがどれだけ得がたいことか、そのことをよくよく知らねばならない。さらに、因縁の諸行無常の世界でみんな死んでいくのだけれども、今こうしていのちをいただいている、このありがたさ、不思議さというものを感じ取らなければならない。その中でも、こうして仏さまと出会い、仏教と出会い、その出会えたことのありがたさ。地球上にたくさん人類がいて、たくさんの宗教があるわけだけれど、その中でも仏さまの教えに出会った。さらに、本当に仏と言われる人たちに出会うということのありがたさ。そういうことに深く思いをいたさなくてはならない。

これは法句経の中でも有名な教えです。それほど人間として生まれることが稀有であることを我々は感じ取っていかなければならない。それゆえ、いのちというものは大切にしなければならない。これは、現代においても言うまでもないことです。ところが、現代の我々はつい「私のいのちは大切にしなければならない」と言うわけです。

そこで、「私のいのち」とはなにか、考えてみたいと思います。身近な例で言いますと、「私のもの」と「他人のもの」があるでしょう。「私のもの」とは、私が思うようにできるものをいいます。たとえばお金ですね。私のお金ならば、自分で勝手に使えるわけです。私の土地でも勝手に使える。ところが、先祖代々の土地となると、どうですかね。私の代で売っていいのかということです。今の人は合理主義だから、売ってしまえということもあるけれども、考えさせられます。それで、「私のもの」というのは、私の思うようになるもののことをいうわけです。

それに対して「他人のもの」となると、ちょっと違ってきますね。私の抹茶茶碗だったら、もし割れても、「割れたか」と、それで終わるわけです。ところが人が見えて、私の抹茶茶碗だけじゃいけないぞと。ひとつ、よい抹茶茶碗を隣りのお茶の先生から借りてこようか。それで借りてきた抹茶茶碗で差し上げる。終わってから片付けるときに粗相したら、それはえらいことや（笑）。だから、もう粗相しないように大切に使うでしょう。他人から借りたものは大切に扱うわけです。

これをいのちにあてはめたらどうでしょうか。「私のいのち」は思うようになりますか。みなさん、なるように思っているんです。ところがそういかない。思うようにならない。「私は何月何日、四月八日のお釈迦さまの誕生日と同じ日に生まれたい。はい、これから生まれます」と言って、生まれて来ますか。そこまではみんな考えていないんです。

それから大人になって、ある程度人生の目標を立てて行きますね。「ぼくはあの会社にいきたい」と思って、入る人もいれば、また入れない人もいます。ですが、「私のいのち」だったら、自分がこう思ったら、思い通りにいけるはずです。私の人生は、こういうふうに歩みたいと思っても、その通りにいく人もあるけれど、いかない人も多いわけです。私も、自分がどういうふうになりたいか、若い時の理想というか、思いは持っていました。だけど、その通りにはなっていない。なっていない今の現在があるわけです。思うようにならないわけですね（笑）。

ましてや、その最期、禅僧ならば、師匠の場合は、「自分はあと三日後に死ぬよ」と自分の死期を知ったわけです。でもそんなことは、ざらにないわけです。普通は、私は何月何日に死にますなどとは、とうてい言えないですね。「私のいのち」ならば、思うように死んでいけるはずですが、そういうことはできない。だけどみんな、「私のいのち」と言うわけです。いのちというものを、生というものを、みんな錯覚してしまっている。これがやっぱり近代思想です。自我思想ですよ。

では、いったい誰のいのちなのか。誰のいのちかというのが問題になります。私は、因縁によっていただいたいのちだと思っています。仏法には因縁が必ず出てくるんです。具体的にはお父さんお母さんの因縁です。そしてお父さんお母さんも、自分のお父さんお母さんがいるわけです。そういう中で自分というものが生まれて来た。そうして因縁の中で死んでいくわけです。

ただ、因縁というと、また難しいかもしれませんね。何か具体的に誰それだと言わないと、みなさん納得しないかもしれません。いったい誰から誰のいのちがやって来たのかといえば、仏さまからいただいたいのちです。仏さまからお預かりしたいのちなんです。預かったものです。さっきも言いましたでしょう、預かった茶碗は、割ったら困りますよ。

まだ隣りのお茶の先生から預かったものなら、その先生に謝れば済みますけども、仏さまから預かったいのちは、そうかんたんに謝れるものではありませんね。だから、いのちというものを大切にしなさいというわけです。

仏さまから預かったいのちだから、そう無暗に扱ってはいけない。自分のいのちを断ってもいけない。状況にはいろいろなものがあって、一概には言えないが、せっかく預かったいのちだから、そう簡単に自分で自分のいのちを絶ってはいけない。だから、いのちある限り、このいのちを大切につかって、そして返さなければいけない。預かったものですからね。ずっともらいっぱなしではいけない。

では、いつ返すのか。死んだ時に返すんです。ありがとうございましたと。だから一休さんは、亡くなる時にこう言っています。「借用申す、昨月昨日。返却申す、今月今日」と。徹底していのちの尊さを知った人の言葉です。「返却申す、今月今日」、仏さまに返して死んでいくんです。

他人に何だかんだと干渉される筋合いはない、という話も成り立つかもしれませんね。だけど正しい道、人間の道というものを考えた時に、いったい自分はどうやって生きていくか、この生きている本体というのはいったい誰のものか。そういうことが分かれば、おのずと善悪の判断は出てくると思います。いろんな事情や環境もあると思いますけれど、そういう事情や環境をなくしていかなければいけないし、それは社会的な問題でもあると思います。けれど、人間として大事なことがあるわけです。

最後の布施とは

お互いに仏さまから預かったいのちだから、それぞれ大切にしなければいけないということです。自分だけではないですよ、みんな仏さまから預かったいのちです。だから、みんな平等だということが大切です。私の生活も他人の生活も大切にしましょう、ということです。それをつい忘れて、自分だけのいのちだと思ってしまうわけですね。

この頃だいぶ少なくなりましたが、駅のホームなどで学生たちが座り込んでいることがありますね。まったく他人のこと考えない、迷惑千万この上ないけれど、彼らはそんなことは関係ない。私の勝手じゃないかと。自分がやりたいことをやればいいんだ、と座り込んでいるわけです。すべての若者ではないけれど、いのちを粗末にしているわけです。

たとえば、お年寄りが一番困るのは、お風呂ですね。たとえば温泉で、今日はゆっくりとお湯に入ろうと湯船に浸っていると、若者がドタドタと入って来て大騒ぎする。お年寄りは、もう自然とおそろしくなって隅っこの方に避難するほかない（笑）。

他人をかえりみずに大騒ぎをすることは、他人のいのちを大切にしようという気持ちがあれば、できないはずです。何でも私のいのちといって、私の主張ばかりするわけですけれど、私のいのちが尊いように、他の人のいのちも尊いということです。その平等が見えないというのか、そこが悲しいことですね。

もっとも、最近は大震災が続いて、たくさんの若者がボランティアで災害支援に入っていると聞きます。そういう若者もいるわけです。

仏教では布施ということをいいます。布施して分かち合うという気持ち、これは大切です。分かち合ってお互いが楽しんで、生きていくということですね。この布施という徳行ですが、最後の布施はいったい何だろうか。これはまた難しいですね。

ところで、小さい頃はそんなことは分かりませんけど、おばあさんが孫に飴をあげるでしょう。すると孫は喜びますね、「おばあちゃん、ありがとう」と。すると、おばあさんは「おばあちゃんにも、ちょうだい」と、言うわけです。こういうのはよくある光景です。子供にあげたものを、「おばあちゃんにちょうだい」と。すると孫は、いやいやおばあちゃんに「ウン」と言って渡します。これがその子にとって最初の布施です。このことを何回もくり返す。これは他人に施す練習です。こういうのは大切なんですね。

子供は、もらったものだけど「これは私のもんや」と、たいていは自分のものとして渡そうとしない。そして、「おいしい？　おばあちゃんにもちょうだい」と言うと、始めは「これは、私の」と言って渋りますが、それでも「いやあ、おばあちゃんも欲しいな」と言うと、「おばあちゃんにあげる」と。それが布施の初めです。人さまに施す。人間として初めての布施行です。この伝統というか習慣というか、これは大切ですね。人さまにものをあげて喜ばれるという。これが布施の精神です。

では、最後の布施とはなにか。それは、いのちを仏さまに返すことです。仏さまにいのちをお返しするわけですが、同時に、その心というものを、遺される人たちに布施していくわけです。もっと言えば、それがその人の最後の説法ですね。どのように生きて死んでいくかです。

私はこのようにいのちをいただいて、そしていま、仏さまにお返しします。どうですか、みなさんもいずれはこのようなことが起こりますよ。よく覚えておいてくださいねという、そういう最後の布施です。言葉を交わすわけではないけれど、沈黙の中で、布施が行われるのです。

お葬式の時に、おじいさんおばあさん、あるいはお父さんお母さんは、このようにして亡くなっていった。私はかくかくしかじかこのように生きてきたけれど、最後にこのような死というものを迎えて、このように亡くなっていく。これは私だけの問題ではない。みなさんがたにもよく知ってもらいたい、そういって亡くなっていくわけですね。

ところが最近は、お葬式を簡略にするでしょう。お葬式はするにしても、身内だけ、親族だけ。もちろん身内だけでもいいんですよ、いろんなケースがありますからね。そうだけれども、いろいろな場に身を置くことによって、多くの体験をすることによって、自分というもの、いのちというものについて反省する、思いをめぐらす。本来、お葬式というのはそういう場ですよ。お参りにいってお別れをすると同時に、死というものを自分の問題としてどう受けとめていくか、どう深めていくか。大きな課題をもってお葬式に行くということですね。

現代は、そのことが全く忘れられているから、手間を省いて簡略に、となっていくんです。人間が生きるうえにおいて、最後の死というものは一番大切なことですね。誰にも例外なく、いずれ来るんですから。「来る者は拒まず」です。そういうことを体験して自分を深めていくということ。お葬式は、そういう場でありたいですね。もちろん、いのちは仏さまにお返しするんですけど、そういう事柄について、自分はこのように対応していく大切さをみんなに知ってもらうわけです。

井泉水の「猿と生まれし猿に餌をやる人と生まれて」という歌は、そこに人間として生まれた感動というものをやはり持っておられたんだと思います。そして、いのちは自分のものだということは間違いで、それは仏さまからお預かりしたものだということです。

上方の落語家、桂米朝《べいちょう》さんがいいことを言っています。それは、芸人として生かしてもらった中で、一番大切なことは何だったかというと、やはり人さまから喜ばれるような落語をしたということです、と言っています。それで、自分の落語を聞いて、どうしたらみんなが喜ぶかということを、全身全霊をかけて思案したと。高座に上がると全体を見渡すことができますね。その時に、お客さんの「反応」ということが大切だと。みんなが落語を聞いて難しい顔をしていたら、お話にもならない。どうしたら喜んでくれるか。今回はだめだったな、次はどこでみんなが喜ぶか、そうやって日々、研究していたということです。やはりすごいですね。我々もそうありたいです。生活も落語と同じで、人さまからどうしたら喜ばれるかということですからね。

それを聞いた時に、思い当たることがありました。ユーモアの大切さですね。あんまりユーモアが強すぎても嫌味ですけど、ちょっとした一言でいいんです。ほっと心を和ませる一言、それがユーモアです。私も、どうしたらみんながニコニコするかということを常に思っています。ところが頭で考えている時は、いいユーモアが出ないんですね（笑）。本当に無心にぽろっと出る、それがいいんですが、難しいですね。思慮分別で考えて、これで笑うかと思うと、そんなことはありません。外国へ行ってそれを痛切に感じました。こう言ったら笑うだろうと思って言ったら、さっぱり反応がない。なるほどなと思いました。

昔の禅僧たちはごく自然にユーモアが出た。なぜなら、昔の禅僧たちは絶対の世界にいるわけです。我々は相対の世界にいるわけです。相対の世界で考えて判断するのと、絶対の世界で考えて言うのとでは違うわけです。真理の世界で言う者の言葉は、相対の世界にいる者には奇妙に感じられることがあるわけです。それが、場合によっては、ユーモアにもつながるわけですね。もちろん、真理の言葉は大切なことは、言うまでもありません。昔の禅僧たちはユーモアがあった。それと、度量も大きかったですね。このこころから、ユーモアが出てくると私は思います。

無文老師はそうでしたね。なにかぽっと言われる。そうすると、みんなが「おおーっ」と笑うんです。それがいつものことだったら、笑わないでしょう。時々、何かのよいタイミングで、ふっと言われる。すると、みんながドッと沸くんです。タイミングですね。分別心を起こしてやるとだめなんです。ユーモアは理窟の世界ではないですから。

恩返し

生きるということを聞かれることがよくあります。お互いに生きていかなければいけないわけですから、生きるとはいったいどういうことでしょうか。哲学的に難しい言い方もいろいろあると思いますけれど、簡単に一言で言いますと、「恩返し」の一言だと思います。生きるとは恩返しですよと、もうこれだけで十分です。これだったら誰でも分かりますね。

では、恩返しとはどういうことか。分かるけれども、具体的に恩返しとはどういうことか。いろいろとご恩を受けたものを、生きている間にお返ししていくということですね。

妙心寺のご開山さまの有名なお言葉に、専門的な言葉ですけれど、「応灯二祖の深恩を忘却せば、老僧が児孫にあらず」という言葉があります。「応灯」とは、そのおひとりが大応国師、つまり法の上でのおじいさま、もうおひとりが大灯国師、法の上でのおとうさま。このお二人の深い深いご恩というものを忘れてしまうようでは、私の弟子ではないし、また孫弟子ではないし、代々の子孫じゃないよ、という大変きびしいお言葉です。

それほどやはり私たちが現在生かしていただいているということは、仏さまのいのちをお預かりして生きていることです。具体的にはいろいろなことをさせていただくということですけど、そのすべて、現在あるということを考えれば、俗に言うご先祖さまのおかげで、自分があるということです。そのご先祖さまに対するご恩返しを一つ一つ、毎日毎日積み重ねていくということが大切です。このことを忘れてしまったら、人間として生きている値打ちがない。ということは少し言い過ぎかもしれませんけれども、つい私たちは忘れてしまうことがあります。

みなさんはよく感謝の気持ちで生きて行かなければならないとおっしゃいます。本当に感謝の気持ちで生きておられると思いますけれど、やはり深いご恩というものの中に自分がいるということを噛み締めておきたいですね。

そこで、江戸時代に有名な盤珪さんという方がおられます。盤珪禅師は、よくご存知の

父母
ごおん

通り、「明徳《めいとく》」という論語の言葉に詰まって、この明徳を分かりたいがために出家された、という方です。出家の理由として、もう一つあるのが案外知られていません。それは、親孝行のために出家しておられる。

このことは案外知られていません。盤珪禅師は、真の親孝行とは何か、ということを考えられるわけです。現代は昔みたいに言われませんけれど、それでも親孝行ということは言われます。母の日というのがあって、お母さんに対する感謝の気持ちをカーネーションに託して、お母さんありがとうございます、と渡す。これは親孝行の表れですね。そうすると、お父さんの方が、私もおるよ（笑）、ということで父の日ができた。お父さん、お世話になりましたといって、ネクタイの一本もプレゼントする。これも親孝行ですね。みなさん真心から行っていると思いますけれど、確かにこれも親孝行です。

しかし、この世の中で一番の親孝行は何かと盤珪禅師は考えられた。それは出家することであると見当をつけられるわけです。出家することが一番の親孝行である。盤珪さんは、お母さんが安心を得ていない、いわゆる迷っておられる姿を見て、どうしても自分は出家して、お母さんの迷いを取り除こうと、そういう発願をされるのです。それがまた一つの理由でもあったのです。それで修行されるわけです。

盤珪禅師は大変なご苦労をなさっておられます。いろいろなところへ行って修行されて、その間には、誰でもあって当たり前ですが挫折することも多々ありました。でもその時に、いま挫折したら迷っているお母さんは永遠に救われない、とこう感じられるのです。すごいですよね、これは。自分がいま挫折したら、お母さんは永遠に迷ったままで亡くなってしまうということで、また奮発されて修行された。そして、お悟りを開かれます。それで嬉しくなって、お母さんに自分のお悟りというものを伝えればいいと、お母さんのところに帰ってくるのですね。そしてお母さんに、悟りとはどういうものか、自分の宗教体験とはどういうものかという話をしたわけです。そして、お母さん、いかがでしたかと最後にお尋ねしたら、お母さんいわく、一向に分かりませんと（笑）。

これではいけないと。確かに悟ったけれども、肝心な母親に安心を与えることができないではないか。どうしたら母親が本当に分かってくれるだろうかと、今度は別の意味で修行されるわけです。そしてある一定の時期をおいてお母さんのところに行くのです。かくかくかようですとお話をしたら、相も変わらず、一向に分かりませんと。またためかと。かく何度も繰り返されるわけです。お母さんも歳をとってこられて、盤珪禅師はお母さんが存命中に説いて分かってもらわなければいけないのですから、必死ですよ。もう時間がないのです。やはりこういうことは大切ですね、切羽詰まって、必死になってお母さんに分かってもらえるように、ああでもない、こうでもないと、自分の修行体験というものをまたいろいろと見直して修行する。

とうとう、お母さんが亡くなる間際に、お母さんがやっと分かりましたと言われたんです。これで盤珪禅師は安心する。お母さんも安心する。ありがとう、わかりました、とこの一言だけです。この話を盤珪禅師は、後に多くの信者さんたちに説法されました。聞いている善男子善女人が、この話になると、みな泣いて嗚咽して聞いたということです。母親の恩というのがいかに大切で、それにいかに報いるか。盤珪禅師はその恩返しのために修行されたんです。それでお母さんに、最後は究極の安心を与えて、大往生し、お母さんは亡くなっていく。本当になによりのことですね。

私はこの話を聞いて、なるほどそうだ、と思いました。盤珪禅師は一生たいへん分かりやすく仏法を禅を説かれています。それはなぜだったかと。つまり年老いた、勉強もあまりしていない、仏法について分からない、難しいことは何も分からない、そういうお母さんにいかに分かってもらえるか、どのように説法するか、そのことに大変苦労された。だから、説かれる教えが身に迫って真実だったということです。何が原因かなと思ったら、原因はそこですよ。盤珪禅師の語録を読みますと、分かりやすく説かれている。これは私の独断ですが、そういうことではないかと思います。

このことはよくお坊さんの研修会の際にも話をするんです。これは、我々宗教者が、説法するのに難しい言葉を使う、もちろん使わなければいけない時もあるけれども、そうではなく、いかに多くの人たちが分かる言葉でもってお話しするかということですね。私もできるだけ、祖師方の名前は出すけれども、漢文でどうのこうのということは、極力避けてきたんです。だけどこれは難しいですね、仏教語を使わずに仏教の話をするのは、たいへん難しい。どのように話をすれば皆さんに分かってもらえるか、と常に心がけています。

三社託宣とは

私たちは一日も長く生きて、そして自分が受けた恩へのご恩返しをしなければいけない。自分が生きている間に受けた借財を返さないといけない。それをどう返すかは自分次第ですが、一日でも長生きして、そしてその預かったいのちをお返しする。いのちをお返しするまでに、恩返しもしておかなければいけない。それが生きるということではないでしょうか。

ありがたいことに、奈良の春日大社とのご縁をいただいて、数回お参りさせていただきました。花山院弘匡《かさんのいんひろただ》宮司にもお会いさせていただきました。先だって宮司さんのご本『神道 千年のいのり――春日大社の心』（春秋社）を送っていただきました。それを拝読させていただいていた時に、「三社託宣」ということが出て来ました。悲しいことに、私も忘れ去っていましたが、そうだと。小さい頃に、師匠に連れられて檀家さんを、一軒一軒お参りしていました。その時に、お寺のお坊さんだから仏壇をお参りしますけれど、床の間に三社託宣の軸が掛けてあるお家もありました。まだ小学校から中学校にかけての頃ですから、何が書いてあるのかなと、ただ見ているだけでした。意味も何も分からないけど、神という字は分かりますから、これは神さまだなと思って見ていました。

それから一時、田舎の旧家でも、これがなくなってしまったのです。それで、私もすっかり忘れてしまっていましたけれど、今回あらためて、三社託宣ということが分かりました。掛け軸で、中央がお伊勢さんです。伊勢大神宮です。そして向かって左側が春日大明神。さらに向かって右側が石清水八幡宮。この三社ですね。いろいろと説明はあるけれど、宮司さんは単刀直入にそれを二字で表されておられます。

伊勢神宮は「正直」です。人間は正直であるべきだと。そしてそういう人をお伊勢さんはお守りくださると。正直で過ごす人をお伊勢さんはお守りくださるのです。そして春日大明神は「慈悲」です。慈悲の人を明神さんはお守りくださる。それで石清水八幡さんは「清浄」です。清浄な人をご加護くださるのです。こういうことを知りまして、宮司さんもおっしゃるように、これは日本人の道徳心として守るべき、一番の肝腎かなめのものだと思いました。日本人としてプライドを持って守っていくということ。そういう意味で、この三社託宣がいつ頃から消え去ってしまったのか。これはまことに残念です。

三社託宣の教えというのは、日本人にとって根本的なことであって、「正直」「慈悲」「清浄」、この三つは必ず持っているべきだ、ということを思います。人間が正直であるということは、人の信頼を得るということです。正直でなければ、人の信頼は得られません。それから慈悲、思いやりの心。慈悲というと仏教的になりますけれど、思いやりの心です。お互いに思いやって、そして相手を立てていく、ということです。それから清浄。清らかな心。これは根本です。人間生まれたままの素っ裸の心ですね。これは神さまの世界もそうです。仏教の世界もそうです。

仏教の世界の原点は清浄です。仏教だけではない、大宇宙の原点はどうでしょうか。そこは何もない。清浄ですよ。それで私は余計に自信を持ちました。大宇宙の始まりは何もないんですよ。清浄なんです。神さまも何もないんです。何もないんだから清浄です、清浄そのものです。宇宙自体が清浄です。これをもう確信しました。誰が何と言おうと、これが原点です。

私は神さまだ、私は仏さまだ、と言っても、それは後からつけたものであって、元は、宇宙の根本は最初は何もない。ある時にビッグバンが起こって宇宙ができた。何もないところに宇宙ができてきたわけです。人間の心も同じことです。心には何もない。素っ裸の心です。その何もないものが、いろいろと創造的にものを作り出していくのです。そうでないと人間として意味がないのです。

だから、そこから科学文明も出てくるんです。これがなかったら科学文明なんか出て来ません。創造性がなかったら、豊かな生活はできません。本来、素晴らしい心の持ち主の人間が、その心には何もないけれど、創造性というものを持っているから、現在、我々はこういう科学文明を共有し、そのなかで幸せな生活ができているということです。また逆を返せば、それに伴う不幸も多いわけです。だから喜んでばかりもおられない。

三社託宣だけではなく、恩という言葉自体がもう死語になりつつあります。それについて、「仰げば尊し」の歌に「我が師の恩」とあります。もう「仰げば尊し」を歌わなくなっているということです。時代を乗り越えていかなければいけないということはありますが、ただ乗り越えるだけではいけない。さらにもう一歩、進一歩、乗り越えていく、ということですね。今はそういうところまで行っていないということです。

「百尺竿頭、更に進一歩」と言いますね。百尺もある長い竿の先です。竿の先までいくのもたいへんですよ（笑）。さらに歩を進めて行け、と。その先に歩を進めて、引っ繰り返ったらいけませんが、落ちると思うから進められない。進んでみなければいけないんです。落ちるかどうか分からない。その先に落ちてしまうと思ってはいけない。進んで行かないといけない。行けるかも分からない。禅の世界は全部そうです。進んで行けよ、というわけです。放てば手に充つです。

たとえば、大海の水を飲んでみよという公案があります。馬祖禅師が問題を出されるわけですが、それが分からない。そうすると馬祖禅師が、「お前さんがこの大海の水を飲んだときに答えてやるよ」と、こう言ったと。そんなの飲めないですよ。普通の常識の世界では飲めないですよね。だから「いや、飲めませんよ」と言うと、じゃあ、あがきや、と（笑）。

飲んでみよと。飲んでみたら答えてやる。飲めるかどうかやってみよ、ということです。やってみなさいというわけです。それでつい常識的には、頭からそんなの飲めませんよ、と言ってしまいますが、そうするともう進歩がないわけです。でも、飲めるかどうかやってみろ、と。そうしたら飲めるかもわからんじゃないかと（笑）。どう飲むか。それが人間の創造性というものです。

次の世界にいくためにはそうでしょう。昔の頃は、とうてい次の世界には行かれないと思っていたけれど、科学文明というのは、ここまでに進歩しました。禅の世界でもそうです。だめでしょうと、頭から思い込んだらだめなんです。やってみないと何が起こるか分からない。それが人間の持っている仏心というものの働きです。創造性ということです。

行の体験

思えば、大学を卒業して、縁あって無文老師のもと祥福寺で修行生活を送らせてもらいました。それで僧堂に入るのには、庭詰め、旦過《たんが》詰めというのがあります。その当時は、庭詰めで、玄関で頭を下げっぱなしで不動姿勢の五日。それが終わって、今度は旦過寮という独房みたいなところにただただ坐り通して二日、坐禅して過ごす。私たちの頃はそうでした。その旦過寮に坐っていると、神戸ですから船の汽笛が鳴るんです。あれを聞くと、「なんと憐れな」と自分自身を憐れに感じるんです。そんな覚えがあります。「なんで私はこんなことを」と。それは一つの思い出としてはいいんです。そういうものがなければやはりだめです、当たり前のことですから。寂しい部屋にいて、明日なにが起こるかもわからない。そういう不安な晩を過ごして、はじめて同僚と同じく禅堂に入るのです。

修行については、どんな修行をしたか、いま思えば何ともいえません。おかげさまで落伍もせずに努めさせていただいたというわけです。ありがたく思っています。その間に老師はよく発破を掛けて、昏鐘《こんしょう》から——昏鐘は夕方に打つ鐘のことです——日が暗くなるまで、この間の一時間はみっちり坐れ、と。老師は若い修行時代にこの時間に禅定に入っておられるんです。やはりご自身がそういう体験をしておられるから、我々にもそう発破を掛けられるわけです。

昏鐘の時は夕凪の時間帯なんです。海には風がありますね。神戸は海に近いですから、風は昼間は海から山へ向けて、夜は山から海へ向かうわけです。ところが、この朝凪、夕凪の時間は、陸と海が同じ気温になるわけです。だから風がピタッと止まるわけです。この夕凪の時間に坐る。それはつまり、大気が静まっているから、自ずから自分の心が静まるということです。この時間を大切にしろとよく言われました。

さらに老師は発破を掛けて、「おまえさんらは、夜坐をしないと本当に力はつかんよ」と。夜坐をしないとだめだということです。夜坐をせずに朝の独参で公案の見解を言いに行くわけですが、「おまえさんたちは中途半端な見解ばかり持ってくる」と。「しっかり坐って、見解を確証できるところまで、夜、坐ってこい」と言われる。本当に困ったなあと。それはご自身がやっておられるから申されるのです。真に正直になれと言うことですね。我々は中途半端に正直になっているわけです。これは心の裏でいい加減な気持ちが沸くわけです。それでは心に対して正直ではない。それで行くものだから、見抜かれているんです。

提唱の時にそれを掲げられて、それで「自分たちの頃は」と言われるのです。夜坐で坐っていたと。そのうちに、一人減り、二人減っていくと。「ああ、あの人は見解が出たんだな。またあの人も禅堂へ帰っていった、見解ができたんだな。わしはなんでできんのだろうと思って、さらに坐った」と。そうしたら、もう朝になっていた。それくらい坐らないとだめだと。厳しいですよ。そうやって発破を掛けられました。ただ坐れ、とかそんなことではなくて、そういう自分の体験で言われるからかなわない。

そういう雲水修行の中で、あるとき独接心を試みました。これも老師が提唱で、「独接心の一つや二つ、やっておらんものは雲水じゃない」と発破を掛けられて。そうか、やらないといけないなと発奮しました。たまたま、師匠の寺の近くに羅漢堂がありました。そこは大変な山の中で素晴らしいところです。兄弟子の太通老師に、どうですかと言ったら、「じゃあ、行こうじゃないか」と。

それで、いったん師匠の寺に寄ったんですが、師匠が「なんだ、独接心に行くのか。それはいいけど、同じやるなら断食接心をやらないとあかんで」と。太通老師が「いやあ、断食やったら腹減るんじゃないですか」、「腹減るとか、そんなことあるかいな。食べ物はなんぼでもあるわ」と。「食べたらあかんのでしょう。何を食うんですか」。それは「空気を食べるんじゃ」と言って、大きく、すうーっと息を吸って、「美味いなあ」と。こう教えられました。師匠も実際にそういうことをやっているから、即座に教えられるわけです。

羅漢堂へ行くと堂守りのおばさんがいて、やはり許可を得ないといけないので、おばさんの家に寄って、「羅漢堂自体はお借りしません。木の下で寝ますが、接心修行をやりますので、羅漢堂のあたりをお借りします」と言って許可を得た。それで「わたしたちは断食をして、ものを一切食べない行に入ります」と言うと、「それはご苦労さんですね、たいへんですね」と。

次の日の朝に、太通老師が、「おい、おばさんが上がって来るぞ」と言うので見たら、おばさんが登って来るんです。わたしたちのところに来て、「いやあ、ごくろうさんです。じつは握り飯を作ってきたんです」と（笑）。「どうぞ、ご供養ですから召し上がってください」と言うんです。困りましたが、せっかく持って来ていただいたので、「ありがとうございます」と。ただし、おばさんに「断食で修行しているから、今後絶対に持ってこないでください」と、お願いしました。おばさんは、「それは悪いことをしました」と言って、それからは持って来ませんでした。

こうして、最初の日は握り飯をいただくことになりましたが、それからはずっと一週間、水だけで行に励んだわけです。そして、当番を決めておいて、お湯を沸かして時間になったら、当番がカンカンと銅鑼をならす。そうしたら山の中でも聞こえるでしょう。それぞれ自由に自分の場所で修行していますからね。それが鳴ったら下りていくわけです。

その断食接心を、二、三回やりましたか。今やれと言われてもできませんけど（笑）、そういう経験というものが必要ですね。昔はそういう和尚さんはいましたけど、いまの若い和尚さんはみなそういうことはしていませんよ。昔の先例にならって、そういうことをすることは大切だと思います。

そのようなことで僧堂生活を送っておりましたが、私は無文老師の弟子でありました。これはあまりみなさんご存知ないんですが、老師の直弟子なんです。私が高校を卒業する時に、師匠が「わしはもうお前を育てる力はなくなった。これからは名だたる老師さんについて、しっかり修行せないかん。もうわしの役目は終わった」と、そう言ったのです。それで、どなたか老師さまにということで、ご縁をいただいて、山田無文老師についたわけです。

それで無文老師が、「ああ、よう来た。わしの弟子になるか」と。それで当時、霊雲院には二〇人をこえて学生がいたんですが、「弟子としては受け入れるけど、みながいるから、おまえだけを特別扱いはしない。みんなと同じように学生として扱う」と言われた。「ありがとうございます。そうしてください」と、師匠もそう言いましたね。そして私に、「今日から、わしはおまえと縁を切る。これからは、無文老師を師匠として生きていくように」と言って、自分の寺へ帰って行きました。

そういうことがあって、ほかの雲水とまったく同様に扱ってもらいました。だから、僧堂で老師の弟子だと思われることはなかったけれど、そういいながらも、かわいがってくださいました。表向きはまったく同じですけど、内面的にはいろいろとかわいがってもらいました。修行については厳しかったことはもちろんです。信者さんにおよばれになったときとか、修行にかかわることをいろいろと教えていただきました。でもみんなの前では知らん顔をしていました。そういう意味でありがたかったなと思います。それもいい意味で霊的な世界、心の世界ですね。そういうことで、厳しくもありがたい修行時代を過ごさせていただいたわけです。

一点、無明の焔

足ることを知る

私たちは相対の世界におりますから、できるだけ豊かに生きたいというのが、これはみんなの願望です。大昔からの人類の歴史のなかにおいて、少しでも豊かに生きようということから人類は発展したわけです。つまり、何かを求めていったわけです。いわゆる、現状に満足せず、何かないかということで歩きだしたということです。そういう意欲というものは大切ですね。そして少しずつ自分たちの欲望を満たしてきたけれど、だけど人間の欲望というものは限りがなく、次から次へと手を変え品を変え、人類は世界中を歩き廻り欲望を満たしたのです。どこまでもあくことなくものを求めていった。そして過剰なまでに豊かになって現代に至っているのです。

人間の発展の歴史のなかで大きな出来事は、産業革命ですね。それでガラッと変わるわけです。それでずっと現代まで来たけれど、地下資源には限度があるということが分かった。そこで今度はどうすればいいのかということで、新しいものを作り出そうとして、いま躍起になっているのです。それはそれでいいです。

この豊かな時代をいまさら逆戻りして、昔のような貧しい厳しい生活はとうていできない。それではどうしたらいいのかということは、お釈迦さまがもう二千数百年前から説いておられる。それは文字通り「足ることを知る」ということです。これは消極的な言葉として受けとめられますけれど、これほど積極的な言葉というのはないんです。とにかく度胸というか、覚悟がいるのです。つまり、いまこれ以上を求めないということですよ。一見保守的な考えです。人間の欲望は際限ないんだから、この足ることを知る、これがないと永遠に救われないということです。ああ、自分はこれでいいんだ、というこれがなかったら、永遠に欲求不満です。毎日が欲求不満です。たとえ貧しくともそうでなくとも、これでいいんだということですね。ここに素晴らしい心の安らぎがあるのです。

私は親子三人で終戦直後の貧しい時代を過ごしました。その時によくおふくろが言っていました。とくに正月とか節目の時に、「ああ、仏さまのおかげだ」と。「こうして三人が一緒にご飯を食べられて、こんなありがたい幸せなことはない」と言ってました。もちろん毎日貧しく、飯もろくろく満足に食べているわけではないですけれど、おふくろが、「仏さまのおかげで、みんなこうして元気で、三人そろって正月を迎えられた。こんな嬉しいことはない」と喜んでいた。今ならとうてい考えられない。貧しいけれど、そのなかにこれでいいんだと、こんな幸せはないという、そういう心の大きさというか、そういうものがなければ永遠に救われません。それが現代の人たちにはないんだということです。

終戦直後から比べると、現代は比べものにならないくらい豊かですよ。でも、やっぱり欲求不満、もっともっと欲しいという気持ちがありますね。もちろん向上心がないといけないけれど、それと同時に、今こうして生かされてあることの幸せという、そういうものがないとだめです。そうでないと、その人は永遠に救われないということです。これは本当にそうだと思います。そういう心持ちを持つことができるか、ということです。

妙心寺の開山さまは、関山慧玄禅師です。この方は、清く貧しく生きられた。つまり清貧です。ずっとそれを実践されてきた方です。もちろんお悟りの深い境地のことはまた別の機会にお話しするとして、私たちがお互いに生きていくうえにおいてのことをお話しするなら、ご開山さまはこの世で最も徹底して清く貧しく一生を過ごされた方です。

ご開山さまの清く貧しくというのは、常に満ち足りておったということです。足ることを知って、清く慎ましく生きたということです。それが倫理的な世界というか、ただただ貧しく生活するのがいいのかというと、そうではない。それなら豊かな生活をしていけばいいんです。そうではなくて、清く貧しく生きておって、常に心安らかに生きている。それが大事なんです。開山さまはそういう一つの安心を得られたうえで、清く貧しく生きられたということです。

開山さまには数年前に六百五十年遠忌がありました。今でも開山さまにはいろいろな逸話が残っているということ、このことは素晴らしいことだと思います。室町時代、美濃の奥深い伊深の地です。あの時代に田舎で、筆記する人もいなかったと思うのに、そんな時代の開山さまの伝記というか逸話というか、そういうものが残っていた。どうして残っていたのか、ということです。

これは口伝ですよ。最初は口伝だった。口伝というのは、その人の一生か、せいぜい二代か三代くらいになったら、普通は消えてしまうんです。それが開山さまの場合は、いつ頃まで口伝で続いたかと言えば、江戸の中頃。やっとその頃になって書物になって残っていったんです。どうやって口伝で二、三百年も残ったのかということです。それはやはり開山さまのお徳です。それと同時に、その周りにいた開山さまの信者たち、後世の信者たちがまた素晴らしかったということです。

それでは、開山さまの徳とはどういうものだったのか。たとえば、こういう有名な話が残っています。いよいよ開山さまが京の都へのぼられる。開山さまとのお別れです。そこで村の衆がみんな集まって来た。ずっと列をなして見送って峠まで来た。すると開山さまが、もうこれ以上はよろしい、あなたたちはここでお帰りなさい、と言われる。開山さまにそう言われたので、みんなお別れを惜しむわけです。

そこで老夫婦が出てくるんです。開山さま、いよいよこれでお別れです。あなたさまは天子さまのお師匠さまにおなりになられるわけですが、あなたが天子さまのお師匠さまになるような方だとは、わしらは知らなんだ。そんな偉いお方ならば、もっと早くから仏さまの教えをお聴きしたかったけれど、なに一つ聞いていない。もう最後だから、こんな無知なものに、しかも、年のいった爺や婆の無理難題をお聞きくださるか。どうかこの爺や婆に分かるように、仏さまの尊い教えを説いてくださいと、こう言ったのです。

そうしたら開山さまは、そうかそうかと。「爺さんや、婆さんや、こちらへ来いや」と、呼ばれました。それで二人が前に来ると、すかさず二人のひたいをどーんとぶっつけた。爺さん婆さんは、「あっ痛たた」と言ったら、開山さまは「そこだ」と言われて、二人は「ありがとうございます」と。それで分かったのです。この教えにどれほど爺さん婆さんが感動したかということです。

普通ならば、仏の教えは「色即是空」と言いたいところですが、これは知解分別です。それで爺さん婆さんは、ごつんとやられて、いやあ、ありがたい。開山さまとはこういうお方だったかと。また、どんな教えかと集った村人も、びっくりして、ええっと思ったわけです。そして、いやあ、すごいなあ、と村の話題になったわけですね。そうして、その人たちの世代ではずっと話題になったでしょう。次の世代にも伝わるわけです。爺さん婆さんはこういう目にあったらしいぞ。それが開山さまのお話だと。「仏法とは何だ」、「痛い、これか」と（笑）。だいたい人間の世界というのは、そういうものです。難しく「色即是空」と言ったって、聞いたらすぐに忘れるんですからね（笑）。

ところがこれが口伝として残るわけです。それがずっと伝わってきたわけです。口伝というのは、開山さまも偉かったけれど、それによって、感動して驚いた、そして分かりやすい、誰でも分かる、そういうものが口伝として残るわけです。仏法というのはそういうものですよ。盤珪さんも同じことです。お母さんに分かっていただくのは難しかったと思います。けれど、そうして伝わっていくわけです。

これが開山さんの世に言われるお徳だと思います。それで口伝で残された話がたくさんあるわけです。しかも聞けば、ある意味、なんだそんなことか、というようなことばかりですよ（笑）。

清く貧しく

そして、清く貧しくどう生きられたかということですが、伊深の里では毎日、朝になると村人のところへ行って手伝って、そして仕事をして食事によばれて帰ってくるわけです。なにをよばれていたかは分かりませんが、それを美味しくいただいて帰ってくる。そして夜は小さな山中の庵での坐禅です。自分は着の身着のままです。翌日また出掛けていく、というそのような日暮らしです。それが根底にあるのです。だから都へ来ても、特別に素晴らしいご殿にいたわけではない。確かに住んでいるのは離宮ですけど、雨漏りの話が伝わっているくらいです。普通そんな立派な坊さんを招いて雨漏りしたら修理をしたと思いますけれど、それを断っておられるのです。これで十分だと。たしかに庵のことを思えば十分ですよ。

それで、雨漏りの話です。あるとき雨漏りしているから、弟子に何か持って来て受けなさい、と。一人の弟子は、即座にそこに置いてあったざるで受けた、と。もう一人の弟子は台所へ行って桶を持って来て受けたと。そこで開山さんは、ざるで雨漏りを受けた弟子を、ほめているわけです。

それが禅の世界です。即座に働きが出ないといけない。それが仏心の世界です。たしかに後から桶で受けた弟子も素晴らしいですよ。今の学校の先生なら、桶を持って来た生徒をほめて、ざるで受けた生徒は、「何しているのや、漏れるやないか」と、これで終わりです。禅の、仏心の、いわゆる素っ裸の世界は、そういう分別心が起こらない先の働きなんです。それを肯うのです。だから、「受けなさい」、即座に「はい」と、これが大切なんです。「受けなければならない」といって、分別したらだめです。もちろん間違ってはいないけれど、禅機の世界ではこれは落第です。

もう一つ有名な話があります。郷里の方からお見舞いにこられた方があります。天子さ

まのお招きだから、どんなところに住んでいるのかな、ということです。それで来てみたら、とんだあばら屋だったと（笑）。なんとも、みすぼらしいお住まいであったので、これではいくらなんでもお粗末だ。私たちで援助をさせてもらいたい、とお願いするのです。そうしたら、開山さんは怒られたという。「田舎からわざわざそんなことを言いに来なさんな」と。こういう話は教えとして深いものがあります。

無文老師は開山さまに心酔しておられました。無文老師は本当は生家の跡継ぎですけれど、跡を弟さんに譲って、生家から離れて出家された。それで生家は弟さんが守っておられる。弟さんも偉い人でした。いつ来られても、「老師さま、ご機嫌いかがでございますか」と、兄弟とは思えないような丁寧な言葉遣いをされるんです。なにか行事がある時に、弟さんは自分が家を継いでいますから、「費用がたくさん嵩むと思いますから、何かしらご援助させていただきたいと思います」と。そうすると、「いらんこと言うな」と（笑）。私は傍にいて聞いていて、なるほどなあ、と思っていました。

もう一つ有名な話があります。ある人が開山さまを尋ねて来た。それで、弟子たちにおもてなしをしなさいということでした。当時は焚きものすらなかったといいます。それほど貧しかった。落ち葉を集めて焚いていたといいます。お風呂を沸かすのに薪がなかったんでしょう。開山さまがお弟子たちに、「お風呂を沸かして接待してさしあげなさい」。するとお弟子が、「お風呂を沸かすにも焚くものがありません」と。「そうか、それならば本堂の縁の板をはがして焚きなさい」と言われたと。弟子たちはびっくりしたと思います。それだけ貧しかったという。

そうかといって、やはり弟子を大切になさるのです。みんな健康管理をしなければいけないと言うでしょう。坊さんの世界でも弟子の健康管理は大切です。これは開山さまもそうでした。ちなみにお釈迦さまがそうだったと思いますよ。お釈迦さまは大変気を遣っておられると思います。どういうところに気を遣っておられるかというと、これははっきりとした証拠はありませんが、あくまでも私の推測ですが、それは南方のタイ国に行って、なるほどそうかと思いました。タイに行かなければそんな考えは出なかったでしょうね。

というのは、南方の坊さんたちは昼からご飯を食べないんです。一日二食で、朝と昼です。それも十一時までに食べて、十二時以降は食べてはいけない。飲み物はいいんです。だから日本に来ても、中国の坊さんは三度食べますけれど、南方の坊さんは二度しか食べません。ちなみにお風呂もそうですね。彼らは公衆浴場には入らない。肌を見せてはいけない。戒律を守っていますから。個室でシャワーを浴びるだけです。日本の温泉などもってのほかですね（笑）。二十数年前、初めて南方のお坊さんを日本にお呼びしたとき、間違って夕食を用意したことがありました。彼らは気を遣って夕食の席には出てきてくれましたが、箸は付けない。飲み物はいいので、乾杯だけして帰りました。それ以来、そういうことはありませんが、我々は反省しきりでした。

そういうように彼らは食べないんです。どうして食べないのか。お釈迦さまの時代から二食です。タイで最も戒律のきびしい寺では一食です。私もこれはなぜかなと思ってました。それがタイの僧院に行って分かりました。健康管理ですよ。お坊さんが托鉢してまわる。そして、食べ物をもらって帰ってくる。そうしたらいろんなものが入っているわけです。ご飯もあれば、おかずもある。それをまぜて、食べるのです。それを朝にもらって置いておくわけでしょう。それで昼くらいまでは置いておけるかもしれない。しかし昼からは気温が上がって大変です。夕方になったらどうなりますか。食べ物はくさりますよ。僧院に行って、それを私は感じました。暑くて何ともならない。大丈夫でおる人もいたかもしれませんが、多くの弟子がお腹を壊した。それを見られたお釈迦さまが、これではだめだ、食事は昼までに済ましてしまいなさい。飲み物はいいよと。午後は托鉢はないですからね。それが戒律になったのではないか。だから、すごい人だったんだと思います。大勢の弟子を持って、その健康管理のために、そういう戒律を決められたんだと思います。それと同じように、開山さまも健康管理を重視しておられました。ですから、病気とかには敏感でした。お弟子さんたちが雨の中で茶摘みをしていた。お茶は薬用で禅寺ではよく栽培していたんです。開山さまが「おまえさんたち、何をしているんだ。今日は雨が降っているではないか」、「いや、茶摘みをしております」と。そうすると、「雨の中で茶摘みをしたら風邪を引くぞ。茶の木を引き抜いて、部屋の中で茶摘みをせよ」と言われた。健康管理上、外でしたらいけませんと注意をしている。風邪を引くよ。茶の木を抜いてきて室内でやりなさいと。でも茶の木を抜いたら、さあ、後がどうなりますか。そこで弟子たちがどう答えたかですね。難しい問題です。ただ注意されるだけではない。問答を与えている。抜いてきて、そして部屋の中で茶摘みせよ、と言うのです。たいへんな問題ですね。

もう一つ、同時代に天龍寺に夢窓《むそう》国師がおられます。向こうは夢窓国師で、妙心寺は無相大師です。夢窓国師は当時、七朝の師、七代の天皇さまのお師匠さんです。天下を睥睨《へいげい》していた方です。ある日、妙心寺の前を通りかかった。それで立ち寄られたのです。同時代ですからね、こういうことはあったと思います。絢爛豪華な着物を召されたお偉い方が来られるのですから、恥じないようにおもてなしをしないといけません。そこで弟子に言って、饅頭を買ってこいと。一個でいい、一個買ってこいと（笑）。お金がありませんからね。弟子が買ってきたら、今度は饅頭を載せる器がない。それで紙を敷いてその上に載せて、そして自分が茶摘みをしたお茶でご接待した、ということです。

すると夢窓国師は、それを美味しくいただいて帰っていかれた。饅頭一個ですが、開山さまからしたら最高のおもてなしです。それを召し上がって帰られた夢窓国師は弟子たちに言われた、「もうわしの禅は滅びた」と。「あの妙心寺の関山慧玄にすべて奪われた」と、こう言ったということです。これは禅者の先を見据えた一句です。もうわしの禅は滅びた。妙心寺の関山にすべて奪われてしまった、と。案の定、その後、夢窓国師の法は途絶え、妙心寺開山さまの法が隆盛に向かうのです。

清貧の家風――うずみ豆腐のことなど

世の中のことは何がいいのか悪いのか分からない。それよりも、開山さまが清く貧しく生きられた、清貧ということが、妙心寺の一つの家風です。宗旨は宗旨であるんですが、家風というのは生き方というか、境涯というか、そういうものがあります。それで、その精神がずっと妙心寺に伝わっていくのです。

ここ霊雲院の開祖さまを大寂常照禅師といいます。この大寂さんにも有名な話があります。この方は開山さまから七代目ですから、直に清貧というものを強く受け継いでいます。清く貧しく生きた方ですが、ちょうど応仁の乱、室町後期の頃です。応仁の乱が終わってから亡くなるのですが、その時に遺言書みたいなものを残しています。そこにこういうことを書いています。「私が死んだら、私の私物を競売にかけなさい」と言っています。今の言葉で言うと、オークションです。自分の持ち物って何だろうなと思ったら、袈裟はお寺の物でしょう。手拭いだとか、筆だとか、肌着だとか、まあそんなものでしょうか。それらを競売にかけろ、と言うんです。

どうしてか。やはり信者さんたちは、「いやあ、これは常照禅師のお使いになられたものだ」と、今で言えば有名な歌手だとか、ビッグな俳優なんかと同じですよ、ずっと値が上がるわけです。それで得たお金で私の葬式をしなさい、と書いてあります。

お寺の大和尚が葬式代もなかったのかということですが、お寺に一銭も金子がなかったということでしょうね。だから、困るだろうと。大げさな葬式はしなくていいから、火葬にしなさいと。そして、その場所は指定されている。そしてお骨はそのそばに埋葬しなさいと。そういうことが書いてある。葬式するにはやはり棺桶がいる。火葬するには割木がいる。それを世話する人もいる。そういったものに使うお金もなかったわけです。

そうはいっても、お金はあったと思いますよ。どうして亡くなるときになかったかというと、私が推察するに、応仁の乱で人がみんな困っているから、お金は人々のために全部布施したわけです。それで寺の中はすっからかんで、物は残っているけれど、お金はない。だから自分の葬式代を出せない。弟子が困るだろうから、工面して葬式を出せと書いてある。葬式をするなとは書いてありませんね（笑）。

金がかかるから葬式はしなくてもよいではなく、葬式は出せと書いてある。火葬もちゃんとしなさい。やることは必ず慣例にしたがって行ないなさいということです。可能な範囲内で、ということです。それがずっと伝わってくるんですね。その間、妙心寺は、本当に質素に過ごしたわけです。今もそういう家風が伝わっているんです。質素に質素に、ということです。

そういう中で、児孫は育てられていくわけです。私が霊雲院で学生の頃、無文老師はお客さんが来られたら、冬は「うずみ豆腐」を出せと言われました。私たちは勢いづいて、うずみ豆腐を作ったものです。終戦後の頃、あの時分はまだ貧しかった。それで、何がご馳走かといえば豆腐でした。豆腐を買ってきて、まず「しげだき豆腐」というのを作ってお出しする。土鍋の小さい器があって、それに豆腐を入れて、油を少量入れて、それで醤油と砂糖を加えて、それで沸騰させるわけです。それがしげだき豆腐です。それが一番のご馳走でした。それをお客さんにお出しするわけです。

そのしげだき豆腐を作るときに、四角四面に切らないといけないから、豆腐の切れ端ができるわけです。うずみ豆腐はそれを利用して作る。お客さんが来られて、豆腐を買ってきてお接待をしなければいけない。おもてなしです。真心をこめてつくらないといけない。それで、どうしても豆腐のはしたというのが出るわけです。その屑の豆腐を取っておいて。たとえば、大根だとか椎茸とかを炊いたら、その出汁が残る。その屑になった豆腐と、出汁を薄めていい味にして、最後にくず粉で少々かためるのです。豆腐も残りもので、出汁も残りもので、それを再利用するわけです。そこに少量の生姜を入れて、それをお椀に入れて、その上に炊きたての熱々のご飯をのせる。

ここで大事なのは、ご飯の上にのせてはだめで、それは汁かけ飯です。汁かけ飯は出世しないと、昔、わたしたちは言われました。ご飯の上に味噌汁をぶっかけたら、おふくろが怒って、「そんなことしたら出世しませんよ」って言われたものです。だから、汁かけ飯にならないように碗の下にくずでかためたものを入れないといけない。その上に白米か麦飯をふわっとのせて、お客さんにお出しする。これがうずみ豆腐です。これは冬に出すものです。後は漬物だけです。

早く持って来なさい、と言われるので「はい」と持っていって、「さあ、召し上がれ。これが妙心寺で最高のご馳走です」と。これが当時最高のご馳走ですよ（笑）。ごてごてした料理は出さないし、出せない。もとは残りものですけど、それが妙心寺の最高の料理。それは清く貧しくという開山さまから受け継いだものです。

それが冬はまた美味いんです。今みたいに暖房が効いてないでしょう。そこに温かいごはんと、あつあつの豆腐です。来客はみんな「ふーっ、ふーっ」と言って召し上がる。「老師さま、ごちそうさまでした。たいへんなご馳走をいただきまして」と。みなさん、本当に大満足していたんですよ。足ることを知るとは、そういうことです。それで、老師さまのところに行って、大変なごちそうになったと、大安心を得て帰られるのです。

人間というのは、足ることを知る、それが大事ですね。接待をするには真心で接待する。それで、これが一番いいなと満足して、心に安らぎを得る、足ることを知る。毎日常に一食一食を、ああこれで満足だなと、これで満ち足りたなというのがなければ、いつも不満ばっかりです。家庭においても、奥さんが作るか、旦那さんが作るか分かりませんけど、やはりみんながそれを美味しいと言って、分かちあって食べる。それが家族の和というものです。

京都大学総長の山極寿一さんが新聞に書いておられました。サルやゴリラは決して仲間と食物を分け合って食べない。人間だけが、さあ一緒に食べましょうと言う、と。これはいつの頃からか、食物を栄養補給だけでなく、親しい関係を作るために活用し始めたのである、とのことです。実際に食事をしながらケンカはしませんね。むつかしい話も食事をすることで和らいでくることがあります。人間にとって分かち合って食べることは、素晴らしい和の社会の現出であると思います。しかし現在は、個食が多くなりつつある。これは人間のサル化であると、注意をうながしておられます。

私はこういうことを体験しています。親子三人でした。たったの三人だけど、役割はだいたい決まっています。飯を作るのはいつもおふくろでした。男はいつもよばれているだけです。昔の人は、「台所というのは女の人の城で、絶対他人を入れさせない」と。これは悪いことでもあるんです。ところが、おふくろは開放的でした。お寺の台所というのは、そういうところがないと、葬式で村の衆が来てもご飯も作れません。それで私も、おふくろを手伝っていました。米の研ぎ方を教わったり、水加減はどうだとか、見よう見まねでやっていました。おふくろもずっと家にいるわけではなく、時には出ていくこともありました。そんなときは、おふくろは帰ってから食事を作るわけです。小さい頃は待っていましたけれど、あるときからは、「できることだけでもやっておいたら、おふくろも助かるだろう」と思って、やっておくことにしました。そう大したことはできませんでしたが。

そして、おふくろが帰ってくるでしょう。「ただいまあ。遅くなったね。じゃあ、これからご飯作るから。あんたたち、待っておったでしょう」と。そこで私の出番です（笑）。「母さん、できとるよ」と言ったら、びっくりして。帰って来てご飯を作らないといけない、みんな待ってるだろうなと思っていたけど、お母さん、できてるよ、と。「ああそう、ありがとう」と言って、そして親子三人で食べる。子供の作るものだから不味いわけですけど、おふくろは喜びましたね。「ああ、いい味だなあ、よかったな」と言って笑っている。この姿ですね。「ああ、美味しい。ああ、よかった」と。これが足ることを知ることです。清貧とはそういうものです。

今はそれがないですよね。お互いに助け合う心というのは大切です。今は、男の人が作らないということはなくなって、男の人もしっかり作っています。だけど、それがまた当たり前だと思ってしまうわけです。いない時は男性が作って当たり前、いる時は私が作って当たり前。けれど、「ああ、美味しいね。お父さんも腕が上がったね」と、そういう一言を言って、そうして満足し合う。そういう一言が今の家庭にあるかどうかです。時間がないからコンビニで買ってきて食べる、それもいいですよ。でも月に一回でも、そういうふうに作って、みんなで満足し合って喜んで食べる。そうすると、みんなが爽やかになるんですね。それが清貧ということです。かならず足ることを知るということがなかったらいけないですね。

気高さとは

何を気高さというのか、これはまた分かりません。これは徳についてということです。徳といい、気高さということが、人間が生きるうえで大切なことです。私の場合は、すぐ無文老師が出てくるんですけれど、たとえば妙心寺のご開山さまについても、本当に気高さがありました。

今年は白隠禅師の二五〇年遠諱《おんき》を迎えます。その白隠さんも、気高さがありました。私は素晴らしいことだと思っています。五〇年前、白隠禅師二〇〇年遠諱のときは、私はまだ雲水でした。三島の龍澤寺で大接心があって、みんなは行きましたけど、私は留守番だったので参加はしていません。白隠さんは臨済禅の中興の祖といわれる素晴らしい方です。その白隠禅師はいろいろご活躍をされるわけです。盤珪禅師と同じく仮名法語でも説いておられます。衆生済度《しゅじょうさいど》ということですね。多くの人々を救われたのです。

ただ白隠さんの場合は、たいへん厳しく修行僧を接化《せっけ》していったということです。それに対して共鳴した人が多かった。共鳴しないと、その人のすごさというのは分からない。そして共鳴だけではなく、いのちを捨てているわけです。こんな素晴らしい共鳴の仕方はありません。だから白隠さんのお墓の周りには、たくさんの若くして亡くなった弟子たちのお墓があります。それだけ願い半ばにして亡くなっていったわけです。これはまた大変なことです。悔しかったと思います。

ある和尚さんが若い雲水の病室を訪ねていきます。病気の見舞いに行くのです。「おまえ、大変やなあ、病気はどうだ」と言い、「お疲れさんやったな」と、ねぎらいの言葉をかけるのです。雲水が「この先が自分は不安です」と言うと、「安心しなさい。後は墓場に行くだけじゃないか」と。言葉そのままとは違いますけど、日本語としてはこのような意味合いのことを言った。すると、その弟子が言うことには、「ありがとうございました」と。見事な引導ですよ。さっさと墓場へ行きなさい。弟子も「ありがとうございます」と。その一言で救われたのです。人間というのはそういうものです。これが、このお師匠さんにとっての気高さです。

無文老師にも、それに似たようなことがいろいろあります。その時、その場所によってどこにどう現れるかということです。その一つは無言でおるということです。老師は本来は無言の人です。何とも他人を寄せつけないものを持っておられました。王道を極めた人です。王様はあれこれ言わないでしょう。私はそう思って拝見していました。こういうところが、老師の他の人と違うところだなと。朝の茶礼にご挨拶にいっても、沈黙でした。「おはよう」とも言われない。もちろん聞いてはおられますよ。それでも無言です。お茶を点てて、お菓子を添えてお茶を飲んで、それだけです。

つまりは、無言の説法ですね。そこに気高さが出て来ると思います。いろいろありましたけれど、「私はこういう悩み事で来たんですけど、こんなこと申し上げたら老師に失礼でしょうか」と言ってこられる信者さんがありました。私が「せっかくこられたんだから申し上げたらいいんじゃないですか」と言いますと、「そうですか」とほっと安堵して老師のところに行くんです。帰って来られた時に「どうでしたか」と聞きますと、「いや、すっきりしました」と言うわけです。「何か言われましたか」と聞きますと、「何もおっしゃらなかった」と（笑）。晩年はもうほとんどお話しされませんでしたね。

要は、坊さんであるならば、お会いして「ありがとうございました」と、自然に頭が下がって、自分で納得できる、安心を得る、そういう方が気高さを備えた人でしょう。それがまた慈愛の心でもあるわけです。そういうことを、徳といい気高さというのではないかと思います。

オートファジーと悟り

我々の大乗仏教というのは、やはり南方仏教とは違います。どちらがいいとか悪いとか、私はそんな判断はいたしません。どちらもお釈迦さまの教えで正統なんですよ。それはやはり民族性とか地域性というところで、それぞれに発達していくわけです。

我々は縁あって北方仏教の教えを受け継いだわけです。北方仏教、つまり大乗仏教は、いわゆる菩薩道です。菩薩道というのは、世のため人のため、上求菩提《じょうぐぼだい》・下化衆生《げけしゅじょう》（上に悟りを求め、下に衆生を救う）、自未得度先度他《じみとくどせんどた》（自分が救われるよりも先に人を救っていく）という誓いを持って仏道を行ずるのです。それが菩薩道であって、そこにじつは大いなる救いがあるわけです。

これを経典の中では、『般若心経』で「色即是空、空即是色」と説くわけです。「色」はいわゆる現実の世界であり、「空」は真理の世界です。この現実の世界がそのまま真理の世界であり、真理の世界がそのまま現実の世界である。煩悩がそのまま菩提であり、菩提がそのまま煩悩である、ということですね。これはみなさんよくご存知の通りです。それではいったい我々はそれをどのように受けとめていったらいいのか。これはなかなか難しいです。現実の世界において、この教えがなかったら凡夫は永遠に救われないということです。この教えがあるがゆえに、凡夫がそのままで救われていくということです。それをいかに説いていくかということは、時代時代でお坊さんたちがたいへん苦労されたわけです。

そして、それを中国的なものとして説かれたのが、六祖慧能禅師のお弟子の永嘉《ようか》禅師というお人です。この人の『証道歌』の中に、「無明の実相、即仏性。幻化《げんげ》の空身、即法身《ほっしん》」

と説いてあります。無明、この迷いの心がそのまま仏の心であると。夢幻のこの身体がじつは法の身体だよと、こう説いておられます。『証道歌』というのは、案外わかりやすいのです。こういうふうに具体的にいろいろと説かれたので、後世に残っていくわけです。

それで、肝心なところで「無明の実相、即仏性」と。この無明であるお互いがそのまま仏の心の持ち主であるということ。これは浄土真宗で説かれる、煩悩具足の凡夫でも阿弥陀さまによって救われていく。阿弥陀さまにすべてをお任せすれば、阿弥陀さまはお救いくださるということにつながるわけです。そこに安心があるわけです。

禅ではどうかというと、自分本来の心に立ち返れば、そのまま救われていくということです。そのために坐禅をするのです。六祖慧能禅師が、坐禅いわゆる禅定ということを説かれるのです。綺麗な心に立ち返ればいいんだよ、と簡潔に言われるのです。仏の心にはっと気が付けば、それでみんな救われていくんだと。一番簡単なことです。気が付かないからこそ迷っているということです。そんなことが本当に可能かどうかということですね。実際にそういうことを体験された方が、有名な鳩摩羅什尊者です。

羅什さんは当時としては大変な秀才の方で、お経をたくさん翻訳された。そこで王様が鳩摩羅什のすばらしさを買うわけです。自分の臣下にならんかと言われるのですが、羅什さんは、自分はもう出家しているので、この道を進んで行きますと。王様は、この才能は惜しい、後世に残しておきたいということで、何を考えたかというと、それにはコピーを残せばいいと思ったのです。つまり子供を作らせようということです。そこで強制的に結婚させるのです。ところが、これは明らかに不邪婬戒《ふじゃいんかい》という戒律違反です。坊さんとしてはもう失格です。

それで羅汁さんは悩むわけです。大変なことをしてしまったと後悔するのですが、そこで救われる言葉は、この「煩悩即菩提」という言葉です。自分は戒律を犯した。けれど、清浄な心に立ち返った時には、仏の心である。このお釈迦さまの素晴らしい教えで安心を得るのです。そう私は理解しています。確かに坊さんとしては破戒したわけですけど、煩悩即菩提という世界においては、大乗精神においては深い懺悔をふまえて、これはこれで許されて、救いがあったということです。

ところで、現代においては、みな在家で家庭をもっていますから、真の出家とはいえないが、大乗仏教においては菩薩道が求められていくから、煩悩即菩提という精神をしっかりと把握しておかないといけないということです。それは難しいことです。煩悩即菩提だからといって、何でも煩悩のままに振る舞っていいかというと、そうではありません。悪く理解するとそうなってしまうわけです。

そこで、ノーベル賞を受賞された大隅良典先生の話になってくるわけです。二〇一六年度ノーベル生理学賞で、細胞が自分の蛋白質を分解してリサイクルするというオートファジー（自食作用）の仕組みを解明した、東京工業大学栄誉教授の大隅先生です。大隅先生の業績は、単細胞の酵母を使って実験し、情報は必ず顕微鏡の中にあるということで、顕微鏡をずっと見ておられた。この好奇心が評価されるべきだと思います。根気一つでこれを発見されたということです。具体的には、生命のあらゆる営みは蛋白質が欠かせないものだということ。人は一日で約三〇〇グラムの蛋白質が必要だけれど、実際に食事で補給されるのは七〇か八〇グラムである。後の不足分は、主にオートファジーで自分自身の不用な蛋白質を分解して、新しい蛋白質として再利用しているということです。この再利用が、老朽化して病気の原因となる蛋白質という不要物を処理していくわけです。

このことを考えてみると、科学の世界での蛋白質というゴミは、心の世界で考えると煩悩です。この煩悩というものは、悪いものとして、ゴミとして捨ててしまおうというのが普通です。だけど、この人間の体というものは、老朽化した蛋白質というゴミを再利用している、この点に注目しなければなりません。心のゴミも、じつは人間の中のことだから、やっぱり再利用しないといけないということです。それで、煩悩を再利用したら菩提になるということです。良質な蛋白質になるでしょう、同じことですよ。だから心のゴミを再利用して、オートファジーして、それを良質な、というか、いわゆる仏心として再利用していく。これが煩悩即菩提の世界だと、こういうことを言いたいと思います。そうすると、みなさん少しお分かりいただけるかなと思います。

そして大隅先生は、飢餓状態ということを言われています。飢餓状態に陥った時に、必ず細胞はそれに順応していく力を持っている。つまり、蛋白質がなくなったら飢餓状態になるわけです。それでどうするかと言うと、ゴミの蛋白質を再利用するんです。飢餓状態に陥った細胞は、必ずゴミの蛋白質を再利用する、オートファジーするということです。終戦直後に栄養失調になって亡くなっていった人はもちろん多いですが、それでも再利用した人は、あの飢餓状態でも生き残ったわけです。どうして生き残ったかというと、つまり飢餓状態に陥った細胞は、自分のゴミの蛋白質を再利用して、そして蛋白質を補ったということです。あの時分、そんな良質の蛋白質を多く食べられたわけじゃない。だけど、おかげさまで、自分自身で蛋白質を再利用していたんだと思います。

心の問題もまったく同じで、煩悩に陥って飢餓状態になった時に、やはり再利用するそれだけのものを持っているのです。持っているのだけど、煩悩だ煩悩だと思って、そのままでいくと、その人は煩悩だらけの人生を送ってしまうわけです。そうではなく、人間性というか、仏心というものへいかに再利用していくかということです。大隅先生の理論は心の問題の世界でも通じるのではないかと、こういうことを思うのです。

そして、飢餓状態というのは、いろいろなところで我々に起こります。それでも、その状態に対する順応性を我々は持っているということを認識しておかないといけません。つまり、そういう状態でも必ずそれに堪えていける力を持っているということです。ついそういう力があるということを忘れてしまうと、もうそれで鬱になってしまう。足の筋肉でも、ちょっと病気になって油断していると、はたらきが悪くなるでしょう。どうかすると歩くのに難儀する。だからリハビリをしないといけない。リハビリをするとまたよくなる。これは自分の力で回復する自然治癒力というものをもっているということです。

大乗仏教、とくに禅の世界では、こういう言葉があるということを最後に申し上げておきたいと思います。それは、「只箇《ただこ》の一点無明の焔、錬《ね》り出《いだ》す人間、大丈夫」という言葉があります。この「箇の一点無明の焔」です。この無明の焔がじつは素晴らしい人間を作り出す、ということです。素晴らしい人間を作り出すのは何かと言うと、一点の無明の焔

只箇一點
無明焰
鍊出人間
大丈夫

です。無明があるから、それが素晴らしい人間を作り出すと。煩悩の多い人ほど、力強い人間となる原動力があるのです。

これはオートファジーです。ゴミを再利用して、素晴らしい力を作り出す、と大隅先生の理論で言えばそうなります。それを再利用するかどうかは、その人の力いかんです。無理したらそのままうずもれてしまいます。自分の力の範囲内でいかに再利用していくか、それは本人の判断いかんですけれど、根本的にはそういうことですね。

『坐禅和讃』に、「水と氷のごとくにて、水を離れて氷なく、衆生のほかに仏なし」とありますね。水と氷は同じものですよ。水を離れて氷はない。また反対に氷を離れて水はない。無明を離れて仏心はないんです。仏心を離れて無明もないわけです。表裏一体で、それをさらにどのように使っていくか、ということです。そこが大切だということです。

あまりよい例ではないかもしれませんが、身近な例としては、こういうことがあります。「あのやんちゃな子が、大人物になったな」と。よくあります。やんちゃな子ほど将来すごい働きをするわけです。「箇の一点無明の焔」ですよ、やんちゃな子は。だけど、そうであるがゆえに、オートファジーをすると、すごい力を出すわけです。面白い話だと思います。

V

〔付〕白隠禅師讃——白隠禅師二五〇年遠諱記念講演

白隠禅師の風貌と禅機

駿河にすぎたるものが二つあり　富士のお山に原の白隠

臨済禅中興の祖師といわれる白隠慧鶴《えかく》禅師（一六八六―一七六九）は、現代世界中から真の禅者として仰がれ、人々から「白隠さん、白隠さん」と親しく呼ばれて、生涯を郷里原宿の小庵「松蔭寺」に止院し、ひたすら臨済禅の宣揚と民衆の教化に務めた禅僧です。

臨済禅の根幹は言うまでもなく、釈尊の正覚（正法）を伝えることで、インド、中国、日本と三国にわたる祖師方によって連綿として今日に到っているのである。これは仏教の他宗派には全くない独特の法派である。有名な達磨大師は釈尊から正覚を受け継いだ第二十八代目であり、中国にその正覚が伝わって六代目が六祖慧能禅師であり、さらに宗祖臨済禅師へと伝わって日本へと伝播する。

南浦《なんぽ》紹明《じょうみょう》禅師は中国に渡って達磨大師の正覚を得て帰国し、その弟子宗峰《しゅうほう》妙超《みょうちょう》禅師を打出する。続いて関山慧玄《かんざんえげん》禅師は宗峰妙超禅師より許されて正覚を護持し、妙心寺の開山となり、ここに応灯関《おうとうかん》一流の臨済禅の正脈が日本中へと伝わっていく。この禅の歴史の中で江戸時代に白隠慧鶴禅師が出世し、その法孫が各々に伝灯の祖師として活躍し、法孫を育成する。したがって現代の臨済禅の法脈の源はこの白隠禅師に帰する。臨済禅の老師方は全て白隠禅師の法孫で臨済禅中興の祖といわれるわけである。

ちなみに曹洞宗で老師と呼ばれる方々は、臨済禅の老師と呼ばれる方々と全く意味が違うので、この点、禅に参じる人々は注意を要します。つまり、老師に対する認識が違っているので、臨済禅の老師と曹洞宗の老師と同格に見ると見当違いとなる。曹洞宗では、たとえば大寺の創建にかかわったり、あるいは、昔からの大寺の住職になった方々、また、公職についた方々、学問のある方々、長い間修行を重ねた方々を老師と呼んでいると聞いている。おおらかといえばおおらかでよいと思います。

さて、白隠禅師の本題に入って、禅師の風貌と禅機について述べると、虎視牛行《こしぎゅうこう》、機《き》鋒峻捷《ほうしゅんしょう》といわれるが如く、その眼光はあたかも虎が獲物を得るために睨む鋭さがあり、その歩き振りは牛が大地を踏みしめて油断ない様子であった。また、その素早い働きたるや、剣で全てのものを断ち切るが如く、人々は傍らにも寄れない恐ろしさがあった、と評されている。

その活躍は二つあり、一つは「公案体系の確立」であり、修行者がいかに合理的にスムーズに修行できるか組織化されたものである。また、禅師独特の公案として、隻手の音声を持って指導された。両手を打てば音がする。ならば、「片手の音はどうだ」と、修道者に示された。

二つには多数の専門的な語録とは別に、民衆の人々に対して示された仮名法語と、独自の筆法による書と奇抜な絵によって、人々の仏心への目覚めを啓発したことである。

年譜を順に追って拝見してみるに、禅師については、一に母、二に地獄、三に法華経、四に大悟（法）と四つに分けられる。

その前半生

禅師は一六八六年十二月二十五日午前二時に誕生されたのです。これは丑年・丑の月・丑の日の丑の刻という、牛に因縁のあるお方で「モウモウ」と遠慮することなく、「オギャーオギャー」と元気よく、たくましく産声を上げられたのです。ところは霊峰を遥かに見渡す広い裾野の原の宿。父方の姓は杉山氏、母方の姓は長澤氏、幼名を岩次郎といった。

幼少の頃より記憶力が抜群で、五歳の時、ひとり海辺に坐して浮雲の流れるさまを見て、無常を感じたとのことである。

十一歳の時、村の昌源寺で日巌《にちごん》上人の説教を母に連れ立って聞いた。母の長澤家は代々日蓮宗の信者で、日蓮上人の御影を拝する信心家であった。七、八歳の頃から寺が好きで、寺詣りをよくしたものであった。この日の話は地獄の話で、地獄のおそろしさ、苦しさのありさまをこまごまと聞かされて、すっかり震え上がってしまった。自分の今までの毎日の行いを振り返った時、生きものを殺す。川魚、蛇、蛙をつかまえて殺す。トンボの羽をむしり取る。友達には嘘をつく。喧嘩はする。こんな自分は罪深い人間で、必ず地獄に落ちる。地獄はこわいところだ。地獄必定の造悪人とは自分のことだと感じ、戦慄をおぼえた。「こわい、こわい。地獄がこわい」と泣き叫んだので、母はそれをなだめすかして家に連れて来るも、帰ってからも、やはり「こわい、こわい。地獄がこわい」と泣き叫ぶ少年岩次郎であった。

母はそこで村に祠ってある北野天満宮へ一緒に行って拝んだら「こわくなくなるよ」と、なだめて連れて参拝するも、やはり地獄のおそろしさから逃れることは出来なかった。ある日、母と一緒に風呂に入った。五右衛門風呂なので、下から薪を焚くとジンジンと湯が沸く。その音がまさしく地獄そのもののありさまで、また、こわいと叫んで飛び上がり、さらに、紅い炎が釜をつたってメラメラと上がると、こわいと言って風呂から飛び出す始末であった。これは地獄を思わせるに充分な情景であった。少年の岩次郎は母にしがみつきワンワンと泣いたので、泣くんじゃないと母がなだめても、また、ワンワンと泣くばかりであった。地獄がこわい、仏様神様、どうか助けてくださいと祈るも、地獄のこわさは取り除かれなかった。

十二歳の時の村祭りで、村の人々が多く集まった中での人形芝居の出し物が、「釜かぶり日親」の話であった。日親上人が法度を犯して都に法華経を弘めた罪により、役人から「法華の行者は火に入っても焼けず、水に入っても溺れずとあるが、まことか」と詰問され、「真なり」と答えると、しからばと、焼けただれた鍋を頭から被せられた。上人は静かに目を閉じて合掌したままであった。しばらくして役人が死んだものと思い鍋をとると、上人は合掌唱題されていた。この話に岩次郎少年は感動し、信心決定を確信して家に帰り、自分の信心を試してみることにした。火箸を焼いて真っ赤になったところで自分の腿に刺してみると、熱いわ痛いわで、七転八倒して、自分の信心のか弱さを感じ、日親上人のようになるには、この苦痛を乗り越えないとだめだと思った。

以前から発心の念を持っていたが、さらに出家する気持ちがここで確固たるものとなる。両親の前でひざまずいて出家の志を伝え一心に願うも、両親はそこまでしなくともと言って許されなかった。しかし、十五歳になってやっと両親の許可が出て、松蔭寺の単嶺《たんれい》和尚の下で出家得度をし、まずは小僧として僧侶の道を歩むことになる。その後、近くの大聖寺などで経典を学ぶが、これといった功徳もなく、法華経は「経王中の王」と聞くが、その教えは「唯だ一乗の法のみあって諸法寂滅」だけで、その他に説かれるのはたとえ話ばかりではないかと、大いなる疑問にぶち当たり、悶々とした小僧生活を過ごす。

十九歳の時に、中国の巖頭《がんとう》和尚が白昼、盗賊にあって首を切られた話を知る。巖頭和尚は道友の雪峰《せっぽう》和尚、欽山《きんざん》和尚と三人で修行時代、いつも互いに励ましあい、苦しさに耐え、日々を過ごした。修行は多く集まって、お互いに膝を突き合わせて励ましあって行ずるのが昔からの仏教での習いである。釈尊時代は釈尊を中心に弟子たちが一か所に集まって安居した。釈尊の教えを互いに研鑽し、自分の骨肉として日々の生活態度を改め、また、坐禅をして心を静めて、自己の本心を追及した。その心境を深めることによって人間性の原点に立ち返り、自分自身の向上につとめ、釈尊の悟りの境地に近づこうと努力した。一人で修行するのは特別な天才的な人は別として、なかなか可能ではない。志を同じくする者が集まって行動する中に自己も磨かれて来る。この偉大な法力を僧伽《そうぎゃ》という。仏、法、僧の三宝というが、僧はこのような集団の在り方であり、ただの群衆、単なる人の集まりではない。つまり、仏を信じ、仏の説かれた宗教的真理、法を信じ、その法を悟り、法に則った日々を送る、三人以上の共同体を僧伽というのである。

さて、本題に戻って、唐代の巖頭、雪峰、欽山、この三人も修行者の手本となる偉大な方々である。巖頭和尚は三人の中でも経験も豊かで、天性瞬発であったこともあり、早く悟り、雪峰和尚を悟りに導く因縁を与え、後世天下を風靡した大和尚である。ところが、当時の戦乱に巻き込まれ、寺に盗賊が侵入して来た。「和尚、金を出せ」と要求されるが、元来、寺には金銀財宝はないと決まっている。全くの無理難題をいわれた和尚は、「寺には金も財産もない。お前さんに与えるものは何もない。本来無一物だ」と、答えると「うそをいうな。どこかに隠しているだろう。さあ出せ」と。さらに迫られたが、巖頭和尚は泰然として「嘘は言わぬ。無いものはない」と、突っぱねた。盗賊は怒り狂って、とうとう巖頭和尚の首を青龍刀で斬ってしまった。その時の巖頭和尚の唸り声が四里四方に響き渡ったという。

この話を知って、法華経の中の観音経には「或いは盗賊に囲まれて各々刀を執りて害を加うるに値わんに、彼の観音の力を念ずれば、咸く即ち慈心を起さん」とあるが、これは嘘、偽りであったのか。純粋な青年の心は挫かれ、信仰は折られたのである。一筋に出家の道を歩み、法華経を学び、仏道成就の願心のもと、ひたすら歩み続けてきた青年の落胆は大きかったのである。そこで仏道精進の道を捨てて詩文に心をうつすことになる。

二十歳の時、青年僧に大いなる転機がおとずれる。それは大垣の瑞雲寺でのことであった。この日は寺の備品の虫干しの日であった。日本の寺では、年に一度空気の乾燥した日に、蔵に保存してある書籍、軸物、絵画等を、本堂や大広間にひろげて空気にふれさせ、紙虫を追い出し、備品を長い間にわたって保存する習慣がある。

本堂一杯に寺の書籍が並べられ、秋の爽やかな風に書籍は吹かれていた。精進の道を挫かれた青年僧は、虫干しの手伝いをしながら、いつまでもこのように目標もなく、むだな日をダラダラ過ごしてはいけないと決心し、神仏に祈って自分の進むべき道を教導してもらおうと、並べられた多くの本の中から目を閉じ祈願し、一冊を取り上げ、さらに頁を広げたところが、有名な慈明引錐《じみょういんすい》の話であった。

昔、中国の慈明和尚は大愚《たいぐ》、瑯琊《ろうや》等の道友と共に禅の道を究めんがために行脚。河東辺までやって来て、お互いに切磋琢磨、己事究明専一に修行していた。まさしく三人以上の志を同じくする協同体、僧伽である。しかし、慈明和尚は寒中の苦しみと睡魔に耐え難き夜を過ごしていた。他の道友は、この苦しさ寒さに耐えて背柱を伸ばして坐禅している。自分だけが怠惰の念を生じて、おくれをとっている。これでは見性成仏はできないと決心、錐《きり》を持ち出して、それを腿の上に置いて、睡魔がおそって来たら、「古人、刻苦先明必ず盛大なり。生きて世に益なく、死して人に知られずんば何の益かあらん」と常に心に念じて、錐を自分の腿に刺して修行した功徳で悟りを開き、後世天下に知られ「仏法の獅子」だと言われたのである。

この話を知り、自分の進むべき道がはっきりと決まり、大願を発し行脚に出て、江湖の大宗匠を訪ね、道友と共に禅の道を参究し、あるいは山谷に一人で打座する独接心をたびたび行なって、禅定力を養われたのです。そのかいあって深い定力が日々増し、ついに大禅定が爆発する時が来たのです。

二十四歳、越後の英巌寺に立ち寄り、夜を徹する坐禅を本堂の椽《えん》、境内の庭などで行っていた。ある日、夕方から坐り込んで静寂な環境、心の中も外界と同じく静寂そのもの、シーンとして風がそよともしない。この妙心寺法堂の夜中の静けさと同じように、夜は物音一つしない静寂そのもの。この三昧が夜を徹して続いた。暁け方、遠い寺の暁鐘がゴーンと鳴り響いて来た時、このところを無門関第一則の評唱では、「驀然《まくぜん》として打発せば、天を驚かし地を動ぜん。関将軍の大刀を奪い得て手に入れるが如く。仏に逢っては仏を殺し、祖に逢うては祖を殺し、生死岸頭において大自在を得、六道四生の中にむかって遊戯三昧ならん」とあるが如く、大禅定が爆発したのです。

初めて聞く鐘の音、静寂を破って心の芯から鳴り響く。なんとすばらしい音色ではないか。心の壁が破られた思いであった。この自分自身の体験のすばらしさに自分が驚き、「巌頭は息災じゃったわい」と、うれしく泣き叫んだのである。そして、自分こそ三百年の間、このようなすばらしい悟りを開いたものはいないと豪語するのでした。このような宗教体験は純粋経験ともいわれるが、お互いに一度は体験しておきたいものである。しかしながらあまりにも大きな感動的な出来事であり、過去どれだけ苦労したか。苦しいにがい思いをしたか。そのもとでの大悟であったので、ついにその悟りを得たことが増上慢となっていくのである。それは天下に自分ほどこのような悟りを開いたものはいないぞ、という増上慢です。そんな中、道友から信州飯山の正受庵の正受老人《しょうじゅ》を訪れてみてはとの勧めで、一緒に正受老人に出会う機会が成就したのである。

正受老人との出会い

さて、正受老人は道鏡《どうきょう》慧端《えたん》禅師と申し上げる世に隠れた禅者である。また法の上では道鏡禅師にとって爺さんになる、愚堂東寔《ぐどうとうしょく》禅師は妙心寺の歴史上忘れてはならない方である。妙心寺開山の関山慧玄禅師の法を嗣ぐ江戸時代の高僧である。開山関山慧玄禅師の三〇〇年遠諱の時には導師をつとめ、「二十四流日本の禅。惜しい哉、大半その伝を失す。関山幸いに児孫の有る在り。続焰連芳三〇〇年」と唱えられたお方である。この愚堂禅師の法が江戸の至道無難《しどうぶなん》禅師に伝わり、さらに、この正受老人に伝えられて、信州飯山の山中に小さな庵を結んで日々ご自身の禅定力を養い、飯山の城主の帰依を受け、村人と共に一生を終えられた高僧である。その禅定力については次のような逸話が残っている。

村人の話では、近頃山からオオカミが夜に出没して田畑を荒らし、人にまで害を与えて、恐怖心で日々村人は過ごしている。オオカミ退治を試みたが全て不成功に終わり、村人は困り果てた。そこで正受老人に相談してみてはとのことになり、村人代表が数名、正受老人を訪ねて、「オオカミの被害で村人は困り果てている。何かよい方法はないか」とお願いすると、正受老人はいとも簡単に「このおれにまかせておけ」と引き受けられた。村人は喜んで家に帰った。次の日、村人は正受老人がいとも簡単に引き受けられたが、どのようにしてオオカミを退治するか興味が湧き、夜になって静かに足音もさせず正受庵を訪れ、夜中を待った。正受老人はいつもと変わらず、夜になると庵を出て墓の中で坐禅をしている。別にオオカミを捕り押さえる仕掛けをするでもない。何も変わったことをせずに、どうして退治が出来るのかと、一同不安になってくる。しかし、オオカミが出てくるのは間違いない、せっかくここまで来たのだから待とうといっているうちに夜中になった。

果たして、オオカミが山の中から出て来た。出て来たぞと村人は固唾を飲んで見ていると、オオカミは墓の中に入って来て、正受老人が坐禅をしている辺りを徘徊、喰われるかと心配しながら見ていると、老人の近くに寄って来て、背中を飛び越えたり、体の臭いをかいだりし始めた。いよいよ老人は喰い殺されるぞと思っていると、オオカミは老人の足の方からなめ出し、顔をベロベロとなめた。いよいよ喰い殺されると思いきや、老人は泰然として坐禅を続けられている。そのうちに、オオカミは頭をなめたかと思うと、静かに山の中へ帰って行った。村人はやれやれと胸をなでおろして、老人に見つからないように家に帰った。このようなことが一週間ほど続くと、それ以後、オオカミは村へ出てこなかったということである。

まさしく、正受老人の禅定にはオオカミも近寄りがたかったわけである。正受老人の禅定力のすばらしさを物語るものである。この老人に白隠禅師が初めてお会いしたのである。悟りを開いて意気揚々の白隠禅師が、「ご無礼ながら、これが私の心境でございます」と自分の境地をうたった詩を差し出すと、老人はそれを握りつぶして「こんなものはお前の智解じゃ。お前の肚で悟ったところを出せ」と恐ろしい眼で睨みつけた。それより二人の間で命がけの問答があって、ついに正受老人は禅師を「この穴ぐら禅坊主めが」と罵って、椽の下へ蹴飛ばされた。禅師は放心茫然となった。ここに至って三〇〇年間出の禅者は増上慢の鼻柱をへし折られて、元の一修行者として正受老人のもとで、さらに修行を重ねられるのです。

ある日、白隠禅師は飯山の城下へ托鉢に出て、一軒一軒、家の前に立って行じていた。ある家の門で「ホーッ、ホーッ」と三昧になってしまった。家から出て来た婆子が、「その坊さん、お通りお通り」と叫んで断ったが、禅師は三昧に入っているので分からない。ただひたすらに「ホーッ、ホーッ」と声をふりしぼっていた。ついに婆子は竹箒《たけぼうき》を持ち出して、「この坊主！　立ち去れ！」と言って禅師を叩いたのである。禅師はその場で悶絶し倒れてしまった。通りすがりの人が助け起こして、ようやく息を吹き返した。その時、ハッと気がつくところがあって、老人から与えられた公案が分かった。その場で手を打って呵々大笑し、庵に帰ると、正受老人が「わかったな」といって微笑して迎えた。そういう話が残っている。このようにして正受老人の下で修行を重ねられ、老人の法の印可を得て、再度行脚を続けられるのである。

ところで、二十歳の時に禅師をこよなく可愛がり、心の支えとなった母が亡くなる。その母が二十四歳のとき、夢の中に姿をあらわす。母の眼は終始、禅師にそそがれていた。「おまえさんの道力によって、私は弥勒の内院に生まれたので報告に来た」と、母が語りかけた。そこで、禅師が「このごろはどこにおられますか」と問うと、「北方の都市、王所におります」と答えた。「ところで苦悩苦痛はございませんか」と、母にうかがうと「全くありません。王の城内にいるからね」と答える母を見て、「足を伸ばしてください。私に診させてください」と禅師が願い出ると、母は自分の足を伸ばして示した。久方ぶりに自分の母の足をゆっくりと撫ぜると、むくみもなく、痛みもないようであった。禅師は悦んで、「このようであれば、本当に痛みも、悩みもないようですね」と申し上げると、母は別れを告げて消えた。と同時に仏の光が大空に輝いて、よい香りが空に満ち天まで香ったのである。

この夢には、母と禅師との脱落安心、安心脱落の境涯がにじみ出ている。柳田聖山《やなぎだせいざん》先生は北方の都市を身延山、王所を「経王中の王」である法華経と見ると迫力を増すと示している。確かに、母は法華の信者あったがゆえに、死後に日蓮上人のいる身延山にいて、常に法華経を唱えているので、何の悩みも不安もないから安心しなさいと禅師に説いている。全ての束縛から解放されたから、あなたも私の懐《ふところ》という束縛から解放され、同時に地獄の苦しみ、悟りの捉われからも解きほぐされ、正受老人の「この穴ぐら禅坊主め」との一喝をも飛び越えて安心を得て、自由人となり、仏に護られて生涯、法のために尽くしなさいとの、母の尊い教えであると受け取りたい。

十五歳で念願の出家となって以来の苦難の修行。その間、小悟あり、大悟あり。得ては捨て、得ては捨て、山野に坐し巖谷に宿をとり、一介の修行者は禅の道を歩んだ。その間、禅師が出家の因縁を結ばれた原の松蔭寺は、その後、住職も不在になり、貧しい小寺であったので、伽藍は次第に老朽化して荒れた寺となった。禅師の父が見るに見かねて寺の復興に乗り出すが思いのままならず、住職不在が続いた。そこで禅師が松蔭寺に帰って寺を護持し再興するのを願いながらも、父は歳をとり病になる日も多くなった。禅師の道友が、この父の願いを耳にして、岐阜の山奥で修行中の禅師に父の病が重いことと、父の願いを詳しく伝えに訪ねるのである。

噂で聞いていた通り禅師は山中にて坐禅三昧であった。せっかく訪ねて来たので、その意を禅師に告げると、禅師は父の意をかなえんがために、重い腰を上げて松蔭寺に帰るのである。二十六歳のときに自分が重い病にかかって、京都白河山中、白幽《はくゆう》真人を訪ねて、病を回復したことも考えの中に入れてのことであった。それは、それから六年後の三十二歳、十一月下旬のことであった。父は禅師が帰って来た姿を見て大変喜んで、その翌年に大往生をとげる。それ以後、松蔭寺を護持するのであるが、父の勧めもあって二年後に禅師は、霊峰富士山の白雪にちなみ、白隠と名乗り、松蔭寺を妙心寺末の寺院として、ここに正式に登録をする。

母はやはり、いつでも我が子のことを思い、夢の中に姿を現わす。松蔭寺という破れ寺に住したある一夜、母から紫絹衣を与えられる夢を見た。持ち上げると両袖がとても重い。なぜかと探すと、左右両手の袖の中に一面の古鏡があった。五、六寸ばかりのもので右手の鏡は輝いて心の奥底まで輝き通っており、自心および山河大地が澄潭の底のないが如く、すき透って何もない。左手の鏡は一点の光耀もなく、新しい鍋の火気の触れないが如くで、忽然として左辺の光耀、右辺に勝ること百千億万倍することに気づいた。ここではじめて万物を見ること自己の面を見るが如くで、如来は目に仏性を見たまえると了知したのです。

これを年譜では四十一歳のこととして、この十年間、法華経を熟読して法華経に通じ、四十二歳にして法華経の深遠に達したことにつながるわけである。

父の願いにそえて松蔭寺の住持として十年経ち、世間の信望も高まり、働き盛りの頃、法華読経三昧も、さらに深まったある日、本堂の椽の下でコオロギが鳴く声を聞いた時、忽然として法華の妙諦に触れて、法華経の真理が分かった。その時「おぼえず。声を放って号泣す」と年譜には記されている。天にも昇る大感激をうけたのである。正受老人の平生受用底の境涯が分かり、釈尊が「唯だ一乗の法あり、二も無く三も無し」と示された大乗の真意が分かったのである。法において大自在を得て「今三界は悉く我が有なり。その中の衆生は皆これ吾が子なり」と釈尊の大慈悲が身にしみて分かり、全て「衆生本来仏」であり、諸仏出世の本懐は「衆生をして仏智見を示さんが為なり、衆生をして仏智見を悟らしめんが為なり」が、はっきりと了解されたのである。

法華を転ずる

年譜では、これまでを因行として法華に転ぜられる、つまり、自利の修行とし、これ以後を果行として、法華を転ずる利他の修行として、全国津々浦々へ請われるままに出向いて、経典や語録を提唱し、また、天才的才能をもって見性の端的を筆跡として残し、あるいは、絵画で庶民に分かりやすく説かれた。

さらに、法のみにあらず、人倫の道を平易に説きあかされた。その一例が大きく「親」の一字を書いて親孝行せよ。「孝行するほど子孫も繁昌、親は浮世の福田じゃ」と、平易に示されたのである。

七十九歳の十二月十一日夜、弟子たちを集めて「今、好夢を得て数倍の元気になったぞ。みな安心せよ」と、夢の説明をされた。それは次のようである。

新しくできた隠寮の上間に坐っている時、道友がまわりを囲んでいた。下間には、愚堂、大愚、無難、正受の大和尚と、その他の多くの和尚が坐っていた。その時、旧友の一人が、自分は願心が足りなくて、まだまだ修行が不十分だ、皆と相見しがたく面目ないことであると言った。その時、一人がただ二字が足らないからだと言ったので、一同がその二字とは何だと聞くと、それは「勇猛」の二字だと答えた。すると大和尚たちが「そうだ、そうだ」と大賛同した。そこで回りの人々を見ると、愚堂和尚をはじめとし、皆、すでに亡くなった人ばかりだった。そこで「自分はまだ皆の仲間入りはしないぞ」と、大きな声で叫んだら目が覚めた、と。明春の大法要は必ず相い営むぞ。安心せよと言われた。それ以後、

衆生無辺誓願度
煩悩無尽誓願断
法門無量誓願学
佛道無上誓願成

一層元気になられ、大法要は円成した。

そして、五年後の八十四歳になって次第に力も弱まって来られる。白隠禅師も老いには勝てない。老衰が進むのである。十一月六日、雷が天地に響き渡る。翌日の七日、主治医の古都氏が来て手をとり脈を診て「異常はありません」と申し上げると、禅師は大きな声をはり上げて、「三日前に人の死を知らんような医者はやぶ医者じゃ。わしはあと三日したら死ぬぞ」と主治医を叱られた。案の定、十一日暁天に安眠高臥《あんみんこうが》し、大きな声で「ウーン」と叫んで右脇を下にして遷化された。

ところで、白隠禅師は闡提翁《せんだいおう》と名乗った。闡提とは末世の世に成仏の望みを捨てて、あえて地獄にとどまろうと強い決意を胸に秘める菩薩のことである。

駿河は徳川幕府の直轄地で、禅師は生涯、原の松蔭寺の住持として幕府の恩に感謝しながら、民衆と共に苦しみ、悲しみ喜び、楽しんだ。その一生は幕府や栄華栄達とは何の関わりあいもなく、弟子と修行に生き、民衆と共に生きた。当時、京都には偉容を誇った有名な京都五山があった。これは中国の五山をまねた格式ある禅寺であり、五つの大寺があった。ここで当時の禅僧たちは学び、修行したのである。この京都五山十刹の伝統とも外れていた。

松蔭寺は妙心寺末の小寺であって、大寺の和尚のごとく住持としての開堂などは不必要であった。だから、闡提翁で黒衣一枚で過ごしたのである。紫衣は四十歳の時、夢の中で母からたまわった一枚で充分であった。ひたすら地獄の中に入って泥をかぶり、血まみれになり、もがいて民衆と共に生きるだけである。それには黒衣一枚で充分であった。

先師山田無文老大師より、私がまだ修行中の時、聴聞した話である。

禅師は常に黒衣で過ごし、全国津々浦々を説法された。ある日、大寺の講座に招かれた。寺で禅師の名声を聞いて紫衣の和尚も招かれて来ていた。いよいよ講座が始まる前に紫衣の和尚が、「さて今日は白隠和尚の話と聞くが、我々が説法する時、もちろん仏座より民衆に向かって話をするが、今日の白隠和尚は黒衣の和尚だ。黒衣の和尚が我々紫衣の和尚の前で、仏座より話をするとは不礼ではないか。下座よりやらせなさい」と、クレームをつけたのである。主催の住持和尚は、これは大変なことになったと困った。禅師にこのような不礼なことをいえば、頭から大声で叱られるに違いない。どうしたものかと迷ったが、肚《はら》をくって恐るおそる、そのむねを申し上げると、禅師は「よいぞ」と言われ、さらに言葉を続けられて「私は今日聴聞に来ている紫衣の和尚に用はない。私は釈迦如来、開山様に私の悟りの境地を申し上げるのだから、下座からいかがでしょうかと申し上げるのが当たり前ではないか」と言って、いつものごとく淡々と説法されたのである。

この伝統が現在の提唱の形式である。私は僧堂へ行くまでは、なぜ老大師ともあろうお方が下座から提唱されるのか不思議であったが、この話を聞いてよく理解したものである。

禅師には多くの墨蹟、絵画がある。多くの研究者の方が見事な論理をもって説明解説されて頭が下がる思いである。しかし、私の見解は禅師の書画は対機説法で、その時、その人への見性への道筋を示されたものであり、授けられた人が、その場でいかに直観的に悟るか、安心を得るか、その願いの表現であると信じている。だから、「ああだ、こうだ」との批評説明は全く不必要であると思っている。

その中で「南無地獄大菩薩」と書かれたものがある。八十歳を過ぎてから、この菩薩名号を書き始められた。禅師の生涯を思えば、十一歳より地獄とともにあった。信仰、出家の出発点は地獄であり、地獄の恐怖が出家の道をかりたてたことは前に述べた通りである。禅師の道のりは、地獄と手をとりあった「精進、努力、勇猛」の道のりであり、衆生ある限り地獄への道程をまだまだ歩いておられる。禅師の墓の回りには、若くしてそのいのちを絶ってしまった修行者たちの墓がある。その無念さを思えば、また、禅の道を志した出家者、居士大姉の意をくむ時、禅の道の孤高さとともに人々の苦しさをよくかんがみるに、禅師は晩年に自ら、この名号を書かれて見性の端的を示されたのである。帰依したてまつる「地獄大菩薩」と日々念じながら、「衆生本来仏なり」と、大衆に向けての開示悟入であった。

「悟っても、つとめざれば地獄へ落ちるぞ」。常に地獄の恐怖を語り、天地自然神仏への畏敬の念を護持せよ、さもなくば、地獄必定の苦しみを受けることになると、言詮《げんせん》を尽くし、筆を尽くして警告した。禅師自身が地獄を見て、地獄の中を歩み、今もなお地獄の真只中におられるからである。

坐禅和讃を生きる

ここまで、禅師の伝記のさわりを拾い上げて述べてきたが、最後に禅師の有名な『白隠禅師坐禅和讃』について考察して結びとしたい。これについても、過去に多くの書物が出版されている。しかしながら、私は禅師の一生の宗教体験や行履等を集大成したものであると考えたい。そして、当たり前といえば当たり前であるが、中国の六祖大師の頓悟《とんご》の禅が根幹をなしており、『証道歌』からの引用もある。さらに、母と地獄と法華経と悟（法）

の四つの結びつきと、解脱。それは心の全き自由人となった禅師の境涯がうたわれている。順を追って考察してみよう。

冒頭の「衆生本来仏なり」。誰でもが納得し、とくに現代人にとって人格人権が問題視される時、この人間の原点、平等にして尊厳なる人格を各々が持っており、それは誰からも犯されないし、また、犯してはならない。しかも、それは自由な人間性の働きである。この歴然とした真実の自覚である。これは禅師が四十二歳の時、松蔭寺の椽の下で鳴くコオロギの声を聞いて、大乗一乗の法理に目覚め、法において大自在を得られた境涯である。「一仏成道観見法界《いちぶつじょうどうかんけんほっかい》　山川草木悉皆成仏《さんせんそうもくしっかいじょうぶつ》」の端的である。みんな仏様であると、まず私たちはありがたく、この言葉を頂戴して信じることの大切さである。諸仏の出世の本懐は法華経に説かれる、「衆生をして仏智見を開かしめんが為なり、衆生をして仏智見を示さんが為なり、衆生をして仏智見を悟らしめんが為なり、衆生をして仏智見の道に入らしめんが為なり」の開示悟入がよく示していることである。

それはまた、このお互いの凡夫がどうして仏であるのか、仏心をいただいているかの問題提起である。禅師自身が本当に仏であるか、悩まれた大問題である。悪業多い子供時代を振り返った時、そんな自分がどうして仏なのか。地獄に落ちて当たり前なのになぜか。

はたして仏心はどこにあるのか。禅師の青年時代までの苦悩の原点である。私たちも禅師同様に、ここに大いなる疑問を抱いて、自分の仏心とはいったい何であるかと己事究明し、坐禅をして精進していく。分かるまで坐る。一生かかってもわからないような大命題を持って、私たちは過ごすことが大切である。

次に、「水と氷の如くにて」と、仏と凡夫の違いを分かりやすく、水と氷の例えにして説かれる。水は暖かいが、氷は冷たい。仏心は慈悲という暖かさがあるが、氷は自我という冷たいものである。水は草木を育て、氷は草木を枯らす。仏心は人々を救っていくが、凡夫の心は他人を否定し疎外する。しかし、水と氷は別ものではない。つまり、水が固まれば氷となり、氷が融ければ水となる。同一物質である。そう分かりやすく私たちに示された。この仏心が分からず自分も法華経をよみ、難行苦行して外の世界へと求めていた。そんな愚かな若い時の自分の姿を振り返っている。若い自分を回顧され、「遠く求むるはかなさよ」と示される。さらに、具体的に法華経の中に説かれる「長者窮子《ちょうじゃぐうじ》」の話をもってその愚かさを説かれた。

昔、インドに一人の長者がいて一人息子を大変可愛がって育てていた。ある日、その息子が誘拐されたか、姿が見えなくなった。長者は悲しんで、あの手この手で探すが見つからない。数年経ったある日、門前を歩くみすぼらしい姿をした青年を見た。後ろ姿が息子そっくりである。そこで秘書にあの男を我が家に連れて来なさいと。秘書は早速に門外に出て、その息子に、ここの主人があなたを呼んでいる。家へ来るようにというと、若者は、とんでもない。私なぞこの家に入れるようなものではございませんと断る。仕方なく秘書は帰って長者に告げると、長者は悲しい顔をして、さらに秘書に、おまえ、すまないが、あのようなみすぼらしい姿になって、まずは友人となり、よい方法で何でも我が家に連れて来るようにと指示を出した。秘書はみすぼらしい姿になり友人となって、何とか長者の家の中に入れて、次第に家の中の様子、仕事のあり方等を教え、最後には長者の側近にまでなる。長者も老いて、最後に家族一同を集め会議を開いて、この青年こそ以前に我が家から拉致された我が息子である。この息子に私の財産の全てを渡すと遺言したとの大筋の話である。

「水と氷の如くにて」より三つの例え話である。禅師は青年時代に、法華経は大乗一乗の法のみを説くだけで、あとは例え話ばかりだと言われた。その例え話を三ヶ所も続けられた、この偉大さに感動する。この話のように、釈尊が悟りを開かれて、全ての人々に仏心があると説かれたら、皆は、どうしてこのような悪業深い凡夫が仏でしょうかと問題にしなかったが、徐々に釈尊が仏の真理を説かれて、やがてみすぼらしい姿をした青年が最後に長者の息子であると認めたように、ついに「衆生本来仏なり」と信じるようになったとの大乗の教えである。

禅師自らも地獄へ真っ逆さまに落ちる自分がどうして仏なのかと、疑問を抱いて日々過ごしていた。それは長者の息子のごとく、飢えた野良犬がゴミ箱をあさっていた、そんな自分の姿であった。全く遠くへ真理を求めていた自分の愚かさをうたわれたのが、「長者の家の子となりて、貧里《ひんり》に迷うに異ならず」である。しかし、最後には我が家に帰り、母の元へ帰り、寺を守った、そんな遍歴の道程であった。振り返ってみれば誕生の生縁を得てから、父母との出会い、地獄との出会い、悪業深い凡夫の姿、地獄からどうして抜け出るか、毎日が愚痴の生活。このところが、「六趣輪廻《ろくしゅりんね》の因縁は、己《おのれ》が愚痴の闇路《やみじ》なり。闇路に闇路を踏みそえて、いつか生死を離るべき」である。これでは生死の苦しみから解脱できないと自覚して、禅師は坐禅へと励むのである。

そして、坐禅を実地に行じたすばらしい体験。それにはもちろん苦しみもあったが、大悟徹底した大感激から湧き出る坐禅の功徳のすばらしさを、「それ摩訶衍《まかえん》の禅定は、称歎《しょうたん》するにあまりあり、布施や持戒《じかい》の諸波羅蜜《しょはらみつ》、念仏・懺悔《さんげ》・修行等、その品《しな》多き諸善行、皆この中に帰するなり」と示された。六祖大師の禅に触れ、自分自身が本来無一物に徹した境地を、「一座《いちざ》の功をなす人も、積みし無量の罪ほろぶ、悪趣《あくしゅ》いずくに有りぬべき、浄土即ち遠からず」と語られる。

　地獄が怖くて、自分の積み重ねた子供時代の悪業は、どんなに懺悔しても消えることはなかったが、坐禅をしたおかげで、直入した本来無一物のところ、ここにいたって尽大地、塵一つない清浄そのもの、風のそよともしないところを味わったら、何もないから悪業も汚れもない、きれいさっぱり罪はほろんでしまった。皆さん方、釈尊の大乗一乗の法をなんでも聴聞してください。このようなすばらしい教えはない。誰でも悟れる。凡夫が仏になれる法はこれ以外、世にないと実感をもっていわれた。

　そして、大感動を得て、うれしくて舞い歌い、喜びの中にいる人こそ、真の心の安らぎを得て、幸福に自らなること間違いなし、求めなくして幸せになる。ここを「辱《かたじけ》なくもこの法《のり》を、一たび耳にふるる時、讃歎随喜《さんたんずいき》する人は、福を得《う》ること限りなし」と謳われる。

　さらに「いわんや自ら回向《えこう》して、直《じき》に自性を証《しょう》すれば、自性《じしょう》即ち無性《むしょう》にて、すでに戯《け》論《ろん》を離れたり、因果一如《いんがいちにょ》の門ひらけ、無二無三《むにむさん》の道直《なお》し」と示される。即ち、自分自身に立ち返り、自らの中に仏の心をはっきりと目覚めると、その本心は本来何もないとはっきり分かり、あれこれと説明を加える余地もないもので、「ここだ！」と自分で自分を納得して大自信を得るのである。禅師誕生の縁から、父母、地獄、法華経との出会い、さらに大悟の出会い、正受老人との出会い、すべて因縁の法である。仏縁の中にあった。この結果、大乗一乗の道へと入ることができ、他に二つとか三つとか別の道はないと自信をもっていえる。

この法の道と同じく禅師は人の道も説かれる。悪業の限りを尽くした者は地獄へ落ちると示される。人の在るべき道を説かれる。だから、生前中に善根を積みなさい。それは、親孝行をしなさい。先にも触れたが、親の一字を大きく書いた横に、「孝行するほど子孫も繁昌、親は浮世の福田じゃ」と書いておられる。日本の将来の国力を、世界人類の発展を思うに、第一に子孫繁栄と、私は思う。

「無相《むそう》の相を相として、行くも帰るも余所《よそ》ならず」。本来無一物で素っ裸で全国各地を廻ってみたが、釈尊のお言葉、「三界は悉く我が有なり、その中の衆生は皆わが子なり」が実感され、どこへ行っても我が家でないところはない。そして、人々が全て自分の子供のように可愛いくて仕方がなかった。また、その多くの人々が私を慕ってくれて涙したことも多々あった。どこへ行っても自由にわが家のようにふるまえた。遠慮することなく元気で過ごされた一生であった。

「無念の念を念として、うたうも舞うも法《のり》の声」。どこでも我が家であるから、全てのふるまいが真実のしぐさである。村祭りの歌も、盆踊りも、土地の信仰も、村芝居も、田畑を耕すのも、薪を作るのも、講座をするのも、全てが歌であり、舞踊であり、楽しい一生である。こんな幸福は他に求めても得られるものではない。

「三昧無礙《さんまいむげ》の空ひろく、四智円明《しちえんみょう》の月さえん。この時、何をか求むべき、寂滅現前《じゃくめつげんぜん》する故に。当処、即ち蓮華国《れんげこく》、この身、即ち仏なり」。

さて、松蔭寺に帰ってより霊峰富士山を望み拝み、富士山に抱かれての一生の日暮しであった。この私ほど、この世の幸福者はいない。とくに夜を徹し坐ると、富士山にかかる明月が皓々と輝く中で、この松蔭寺の椽で打坐三昧。澄み切った空に自分を没入してしまい、物音一つしない静寂さ、心の真底から寂そのもの。この三昧から富士にかかる月を眺めた時、大円鏡智《だいえんきょうち》、平等性智《びょうどうしょうち》、妙観察智《みょうかんざっち》、成所作智《じょうしょさち》の仏の四智がおのずから冴えわたり、心中明々とした、はっきりと真実の自己が輝き出る。この大感動は一生の大所得であった。ここに行き着いた時、求めるものは何もない。釈尊の「ただ足ることを知る」ことを自知した。

このうれしさ、人に話すこともできない。この大自然の恵みが、そのまま仏国土蓮華国である。大自然の大恩恵の中で、仏の慈悲に包まれて坐っている、この身がそのまま仏だと感じとる、このすばらしさ。これをいったい何というのだろうか。「この身、即ち仏なり」としか言えないと大感激をもって、『坐禅和讃』を結ばれている。
最後に、『坐禅和讃』の全文を挙げておこう。

衆生《しゅじょう》本来仏《ほとけ》なり、水と氷の如くにて
水を離れて氷なく、衆生の外《ほか》に仏なし
衆生近きを知らずして、遠く求むるはかなさよ
譬《たと》えば水の中に居て、渇《かつ》を叫ぶが如くなり
長者の家の子となりて、貧里《ひんり》に迷うに異ならず
六趣輪廻《ろくしゅりんね》の因縁《いんねん》は、己《おのれ》が愚痴《ぐち》の闇路《やみじ》なり
闇路に闇路を踏みそえて、いつか生死《しょうじ》を離るべき
夫《そ》れ摩訶衍《まかえん》の禅定《ぜんじょう》は、称嘆《しょうたん》するに余りあり
布施《ふせ》や持戒《じかい》の諸波羅蜜《しょはらみつ》、念仏懺悔《さんげ》修行等

其《そ》の品《しな》多き諸善行《しょぜんぎょう》、皆この中に帰するなり
一坐《いちざ》の功をなす人も、積みし無量の罪ほろぶ
悪趣《あくしゅ》いずくに有りぬべき、土浄《じょうど》即ち遠からず
辱《かたじ》けなくも此《こ》の法を、ひとたび耳にふるる時
讃歎随喜《さんたんずいき》する人は、福を得《う》ること限りなし
いわんや自ら回向《えこう》して、直《じき》に自性《じしょう》を証《しょう》すれば
自性即ち無性《むしょう》にて、すでに戯論《けろん》を離れたり
因果《いんが》一如《いちにょ》の門ひらけ、無二無三《むにむさん》の道直《なお》し
無相《むそう》の相を相として、行くも帰るも余所《よそ》ならず
無念の念を念として、うたうも舞うも法《のり》の声
三昧無礙《さんまいむげ》の空ひろく、四智円明《しちえんみょう》の月さえん
此《こ》の時何をか求むべき、寂滅《じゃくめつ》現前する故に
当処《とうしょ》即ち蓮華国、此《こ》の身即ち仏なり

あとがき

仏縁で昭和十二年、台湾台南市にて生を受け両親に育てられ、達磨寺で読経を学びつつ、昭和二十年、終戦を迎えた。

慣れ親しんだ南国と別れて、昭和二十二年、引き揚げ、本土の早春の寒さと飢えと環境の変化が子供心にも痛んだ。一方、初めて見る梅の花の美しさに感動した。日に日に暖かくなり日常生活にも徐々に慣れ、近所の人々の思いやりの中で、貧しいながらも楽しみが出てきた。

無住を本来の姿とする宗門人であるので、居住地だけは転々として定まることなく青年時代を過ごした。昭和六十年、先師山田無文老師のおかげで、その跡を継いで、霊雲院に止住することになったが、生涯、雲水の気構え、いつでも草鞋をはくことを苦にしない。

いま懐古するに、北は北海道厚岸から、南は石垣島までの日本国内はもちろん、台湾、米国、メキシコ、ブラジル、アルゼンチン、チリ、ベネズエラ、中国、香港、韓国、タイ、インド、ミャンマー、ベトナム、カンボジア、スリランカ、シンガポール、インドネシア、パプアニューギニア、南太平洋諸島、ヴァチカン市国、オーストリア、フランス、イタリア、トルコ、フィンランド、ドイツ、チェコ、オランダ、ポーランド、スペイン、ギリシャ、西欧諸国など、三十数ヶ国と二地域の海外の地を訪れた。

内外の有縁無縁の諸仏、諸天神、衆生のおかげで、八十歳を迎えることができた。歳のせいで行動が伴わなくなってきたのか、この間、四弘《しぐ》の願輪にむち打っても思いのままにならず、ただ馬齢を重ねて慚愧するばかりであるが、ここに御礼と感謝のまことを捧げます。

さる七月二十五日より、米国ロスアンゼルス近郊のマウント・バルディー（標高一三〇〇メートル）山中の佐々木承周老師ゆかりの道場で、三十四名、頭を聚めて五ヶ日間の大接心を開き、連日、一日三回の勤行、講座、坐禅、独参と、一同、精進これ一筋に努めた。

接心前日に篤信の修道者の案内で、アリゾナのセドナとグランドキャニオンを見学し、数十億年の地球の歴史を垣間見た。隆起、風化、浸食の、計り知れない年月から造り出された自然の妙なる美に、心身ともに吸い込まれて時が過ぎるのを忘れた。

古いものの中に一刻一刻、造り出される紅色の数々の妙岩奇岳は、新鮮そのものの感がある。切り立った屛風のごとき壁に、底の無いがごとき恐ろしく深い渓谷、風光明媚の絶景に驚く。

ある美術評論家が「正しく読めば岩には忍耐という教訓が刻まれている」と言っているが、朝日に照らされ、碧天に輝く自然の造形美術を眺め、爽やかな風に吹かれていると、大自然の運行には全てのものが忍耐の二字に尽きると感じた。

人類もまたしかりである。人生という大きな壁に、忍耐と刻まれた教訓は恩返しとともに、未来永劫にわたって続けるべき理念であり、実行への決意を新たにした。

本書を手にしてくださった皆さまにとって、本書がわずかなりとも力となることができるなら、喜びこれに過ぎるものはない。

最後に本書の刊行にさいし、春秋社の神田明会長、澤畑吉和社長の長年のご厚情に感謝し、また編集に携わっていただいた佐藤清靖編集取締役、編集部の楊木希氏のご尽力に御礼申し上げる。八十歳のよい記念になりました。

平成二十九年七月三十一日

米国ロスアンゼルス　臨済寺精舎にて

則竹秀南

則竹秀南（のりたけ　しゅうなん）
1937年（昭和12年）、台南市に生まれる
1960年（昭和35年）、花園大学卒業
神戸祥福僧堂掛錫
山田無文老師の指導を受ける
1985年（昭和60年）、京都妙心寺山内霊雲院住職（現在退任）
2016年（平成28年）、アメリカ・ロサンゼルス 臨済寺兼務住職（現在退任）
2017年（平成29年）、沖縄・石垣市 達磨寺兼務住職（現在退任）

〈いのち〉を生き切る
二〇一七年九月二〇日　第一刷発行
二〇二五年六月一四日　第二刷発行
著　者　則竹秀南
発行者　小林公二
発行所　株式会社春秋社
東京都千代田区外神田二―一八―六（〒一〇一―〇〇二一）
電話〇三―三二五五―九六一一　振替〇〇一八〇―六―二四八六一
https://www.shunjusha.co.jp/
印刷所　株式会社太平印刷社
製本所　ナショナル製本協同組合
装　丁　本田　進
定価はカバー等に表示してあります
2017©Noritake Shunan
ISBN978-4-393-14430-5